JN224864

これで迷わず対応できる！　最新事例でつかみやすい！

税理士がおさえておくべき

非上場会社のストックオプションの実務

弁護士・税理士　小山　浩
税理士　間所　光洋
弁護士　飯島　隆博

第一法規

はしがき

　上場会社において、中長期的な企業価値の向上を目的として、役員及び従業員に対するインセンティブ報酬の導入が進められています。日本政府もこの動きを後押ししており、会社法や税制などの整備が進められており、経済産業省から『「攻めの経営」を促す役員報酬－企業の持続的成長のためのインセンティブプラン導入の手引－』が公表され、改訂が重ねられています。

　このような上場会社での動きと同様に、非上場会社においても、インセンティブ報酬を利用したいというニーズが広がっています。特に、人材を確保する必要があるものの、十分な資金的余裕のないスタートアップ企業を中心として、インセンティブ報酬を導入する又は導入を検討している非上場会社が増えています。もっとも、上場会社においては、証券市場において株式を換金する機会があるため、いわゆるリストリクテッド・ストックのような株式を対象とするインセンティブ報酬を利用することが多い一方で、非上場会社においては、株式を換金する機会に乏しいため、株式を交付するのではなく、ストックオプションを利用することが多いという違いがあります。

　非上場会社がインセンティブ報酬としてストックオプションを利用する際には、付与される役員及び従業員の手取額を最大化できるかという点が検討ポイントになります。手取額に影響を与えるのが、役員及び従業員に対して課される所得税です。またストックオプションを発行する会社においても、源泉徴収義務を漏れなく履行する必要があることや、役員報酬又は給与として損金算入できるか否かは大きな判断要素となり得ます。

このように、ストックオプションを利用する際、付与される役員及び従業員並びに発行会社にとって税務上の取扱いが重要であるものの、ストックオプションは、所得税法と法人税法との間でその経済的価値の考え方に相違があることに加えて、ストックオプションの種類に応じて税務上の取扱いが異なることもあって、複雑で理解が難しい側面があります。とはいえ、税務当局も、個別の質疑応答事例などにおいて、ストックオプションの税務上の取扱いを説明することに加えて、2023年にはストックオプションに対する課税（Q&A）を公表し、その後も改訂を重ねるなど、課税関係の明確化が進められています。また、ストックオプションの税務に関しては、たとえば、松尾拓也＝西村美智子＝中島礼子＝土屋光邦『インセンティブ報酬の法務・税務・会計』（中央経済社、2017年）など、大変参考になる書籍もあります。しかし、ストックオプションの税務上の取扱いに関しては、まだまだ明確ではない点が残されています。筆者らがスタートアップ企業を含む非上場会社からストックオプションの税務に関する質問を受けた場合、取扱いが明確ではなく、回答に悩むこともしばしばあります。

　本書は、令和6年度税制改正（一部、令和7年度税制改正）や2024年11月のストックオプションに対する課税（Q&A）の改訂も踏まえて、ストックオプションの税務上の取扱い、特に、非上場会社における処理について解説しています。第1部の基礎編においては、ストックオプションに関する基本的な課税関係を説明した上、第2部の発展編において様々な局面におけるストックオプションの課税関係を説明するようにしました。特に、ストックオプションに関係する論点・問題点を幅広く取り上げて、筆者らの見解を示すことを心掛けました。また、税務当局が公表している質疑応答事例のうち、重要な論点を含

むものについては、その内容を引用したり、税務を専門とする読者の方々の便宜に資するように、可能な限り、税務仕訳も明記したりするなど、本書をお読みいただくことで理解できるよう工夫しております。

　本書は、ストックオプション導入や導入後の処理等について検討しているスタートアップ企業を含む非上場会社の財務・経理部から相談を受ける顧問税理士の先生を中心にご利用いただくことを想定しております。

　本書の執筆に当たり、細心の注意を払ったつもりですが、もしお気づきの点があれば、ご指摘いただきたいと考えております。最後に、本書の企画・構成に至るまで的確かつ有益なアドバイスを頂いた第一法規の稲村将人様、校正作業などにご協力いただいた弊所スタッフの田中里実さん、吉次菜緒さん、細谷恵理香さんに、この場を借りて、御礼申し上げます。

　なお、本書に記載されている見解は、筆者らの個人的な見解であって、筆者らの所属する法律事務所や過去に所属した組織の見解ではないことを付言いたします。

令和7年2月

　　　　　　　　筆者を代表して、弁護士法人森・濱田松本法律事務所
　　　　　　　　パートナー弁護士・税理士　　小山　浩

目　次

第**1**部　基 礎 編

第1部

基礎編

第 1 章

ストックオプション
税制の全体像

1 インセンティブプランとしての ストックオプションの利用

　ストックオプションとは、あらかじめ定められた一定の期間内に、あらかじめ定められた額の金銭等を出資することにより、会社から一定数の株式の交付を受けることができる権利をいう。株式会社がその役職員に対してストックオプションを付与する場合、その法形式としては会社法上の新株予約権が用いられる（過去に新株引受権や株式譲渡請求権が利用されていたことについては、下記2参照）。

　スタートアップ企業を含む非上場会社においては、その成長ステージに応じて役職員を拡充していくことが必要になる。例えば、創業時には、商品・サービスを開発する役職員、商品・サービスの目途が立った後は営業を担当する役職員、事業規模がある程度拡大した後は経理・総務等の管理を担当する役職員などである。しかし、特に創業間もない時期や事業が黒字化していない時期においては、商品・サービス開発といった事業拡大のために資金を投じる必要があるため、事業の成長のために必要な人材に対して、現金で十分な報酬を支払えるだけのキャッシュフロー上の余裕がない場合が多く、また、役職員に対して手厚い福利厚生を提供することも難しい。

　そこで、現時点では金銭報酬や福利厚生を十分に提供できないものの、ストックオプションを利用することで、将来、会社が成長した場合にその成長の分け前を役職員に対して分配することが可能となり、役職員のインセンティブとして機能することになる。例えば、株式会社が役職員に対して「1株当たり1万円を出資することで、株式会社の普通株式1株の交付を受けることができるストックオプション」を

付与すると、将来株式会社が成長し、普通株式1株当たりの経済的価値が1万円を超えると、役職員は、超えた分が自らの利得になる（ただし、当該役職員に対する所得課税は別途検討する必要がある）。そこで、役職員にとって、1株当たりの経済価値を向上させて、ＩＰＯやＭ＆ＡによるExitをし、経済的メリットを享受するというモチベーションの向上に役立つことになる。

このように、ストックオプションは、役職員のインセンティブとして機能することになるものの、ストックオプションの導入を検討する際に常に問題になるのが、次のような会計および税務の問題である。

会計上の問題	✓ 役職員に対してストックオプションを付与する場合、発行会社は、会計上、いつの時期にどのような金額の費用を計上しなければならないか。
税務上の問題	✓ 役職員に対して、いつの時期にどのような課税が生じるか。 ✓ 発行会社において損金算入できるか。

上記の会計および税務の問題を解決する（すなわち、会計上の費用計上を避けつつ、役職員にとって有利な課税関係となる）インセンティブプランとして、有償ストックオプションや信託型ストックオプションが開発されてきたという経緯がある。

本書では、主として、税務面から非上場会社が発行するストックオプションについて解説することとする。

2 ストックオプション税制の主な沿革

　詳細なストックオプション税制の解説をする前に、ストックオプション税制の主な沿革について述べておく。ストックオプションについては、会社法（旧商法）および会計上の取扱いと歩調をあわせて税制が対応されてきたという経緯があるため、会社法（旧商法）および会計制度の変遷もあわせて紹介する。

⑴　ストックオプション制度導入前の状況

　ストックオプション制度が導入される前においては、会社の株式を引き受けることができる権利として、新株引受権という制度があったものの、会社が役職員に対して、新株引受権を直接付与することができなかった。そこで、役職員のインセンティブプランとして、いわゆる疑似ストックオプションが利用されてきた。疑似ストックオプションとは、株式会社が証券会社等に対して分離型の新株引受権付社債を発行し、その後、新株引受権付社債を新株引受権と社債に分離したうえ、発行会社が新株引受権を買い戻して取締役または使用人に対して付与し、新株引受権をストックオプションとして機能させるものである。例えば、ソニー株式会社は、役職員のインセンティブプランとして、新株引受権付社債を発行し、新株引受権部分を買い戻して役職員に付与するという取引を実行した[1]。

1　詳細については、山一証券経済研究所「八　転換社債、新株引受権付社債」旬刊商事法務1427号57頁以下参照。

　このような疑似ストックオプションの課税関係について、役職員においては、会社から新株引受権を付与された時に所得課税がなされ、新株引受権に係る権利の行使時には課税がされないという取扱いがなされていた[2]。

(2)　特定新規事業実施円滑化臨時措置法によるストックオプション制度の導入

　平成7年の法改正により、特定新規事業実施円滑化臨時措置法8条および特定通信・放送開発事業円滑化法8条は、一定の要件を満たして所管大臣の認定を受けた場合に限り、会社が役職員に対して新株の有利発行という形式でストックオプションを発行することを認めた。

　この特定新規事業実施円滑化臨時措置法等の改正によるストックオプション制度の導入に伴って、平成8年度税制改正において、租税特別措置法29条の2が創設され、ストックオプションが一定の要件を満たす場合には、付与者に対して付与時および行使時には課税せず、権利行使によって取得した株式を譲渡したタイミングで譲渡所得として課税することとされた[3]。

(3)　一般的なストックオプション制度の解禁

　一般的なストックオプション制度は、平成9年の商法の一部改正により解禁された。当時のストックオプション制度においては、以下の

2　増井良啓「ストック・オプションと所得課税」日税研論集57号106頁。
3　特定新規事業実施円滑化臨時措置法の改正経緯やそれに伴う平成8年度税制改正については、岡本勝秀「ストック・オプション報酬制度を巡る課税問題について」税大論叢29号103頁以下参照。

2つの方法が認められていた[4]。

方法	内容
自己株式方式	① 会社は、取締役または使用人に株式を譲渡するために、定時総会の決議により、自社株式を取得することができる。 ② 取得することができる株式の総数は、発行済株式総数の10%以内とする。 ③ 株式の取得価格の総額は、配当可能利益（注：現行法の分配可能額と同様の概念）の範囲内とする。 ④ 株式は、市場買付けのほか、公開買付けの方法によっても取得することができる。 ⑤ 取締役または使用人が株式を購入する権利（株式譲渡請求権）を行使することができる期間は、10年以内とする。
ワラント（新株引受権）方式	① 会社は、定款に定めがあり、正当の理由があるときは、株主総会の特別決議により、取締役または使用人に新株引受権を与えることができる。 ② 新株引受権の目的である株式の総数は、発行済株式総数の10%以内とする。 ③ 新株引受権の行使期間は、10年以内とする。 ④ 新株引受権は、登記することを要する。 ⑤ 新株引受権は、譲渡することができない。

　なお、自己株式方式とワラント方式を同時に併用することはできないとされていた。

　上記の商法改正による一般的なストックオプション制度の解禁を踏まえて、平成10年度税制改正において、所得税法、法人税法および租税特別措置法に関し、以下の内容の改正が行われた[5]。

4　法務省民事局参事官室『一問一答　平成9年改正会社法』288〜299頁（商事法務、1998年）参照。
5　平成10年度税制改正後の課税関係については、垂井英夫『実践自己株式法制』362頁以下（財経詳報社、1998年）参照。

① 役職員の課税関係

　ストックオプションを付与された取締役又は使用人の課税関係について、原則としてストックオプションの権利行使時に所得課税されるものの、一定の要件を満たすストックオプション（税制適格ストックオプション）の場合に、ストックオプションの権利行使時において課税をせずに、権利行使によって取得した株式を譲渡するまで課税繰延べを認める。

② 発行会社の課税関係

　自己株式方式により取締役又は使用人に対して株式譲渡請求権を付与し、取締役又は使用人が権利を行使したことにより自己株式を譲渡する場合、法人の所得計算上、正常な取引条件で行われたものとし、また、権利行使価額が権利付与日の自己株式の時価を下回っている場合には、所得加算を行う[6]。なお、ワラント（新株引受権）方式の場合には、資本等取引として法人税の課税関係には影響がない。

⑷　平成13年商法改正およびストックオプション税制の改正

　上記のとおり、一般的なストックオプション制度が解禁されたものの、商法上、付与対象者、付与数の上限および権利行使期間の制限などの規制があったことから、広く利用されることはなく、むしろ、引

6　この措置は、自己株式方式において、権利行使価額を権利付与日の自己株式の価額よりも低く設定することにより、役員賞与を自己株式の譲渡損として損金の額に算入するといったことを防止する趣旨である（財務省『改正税法のすべて　平成10年度版』315頁（大蔵財務協会、1998年）参照）。なお、現在の法人税法上、自己株式の譲渡（処分）は資本等取引と整理されているため、譲渡損が生じることはない。

き続き、疑似ストックオプションが利用されていた[7]。

　そこで、平成13年の商法改正により、あらかじめ定めた一定の価額で新株の発行を請求できる権利につき、従来の「新株引受権」という名称から、「新株予約権」という名称に変更したうえ、ストックオプション制度を一本化した（自己株式方式のストックオプションは廃止）。そして、ストックオプションとして発行される新株予約権については、商法上、有利発行の一形態として整理され、付与対象者の拡大、付与株式数の上限撤廃、株主総会の決議事項から付与対象者の氏名等を外すなどの規制緩和が実現した[8]。

　この平成13年の商法改正の結果、ストックオプション制度は、自己株式方式、ワラント方式（新株引受権方式）および新株予約権方式の3つが併存することになった。

　税制上、上記のいずれの方式においても、発行会社において、ストックオプションに関して損金算入できる余地は認められていなかった。他方で、ストックオプションを付与された役職員の課税関係については、平成13年の商法改正に伴い、平成14年度税制改正において、ストックオプションの権利行使時における経済的利益の価額の算定方法が明確化され、また、税制適格ストックオプションの要件も改正された。

(5)　平成18年会社法改正に伴うストックオプション税制の大改正

　平成17年12月、「ストック・オプション等に関する会計基準」および「ストック・オプション等に関する会計基準の適用指針」が公表さ

7　第一東京弁護士会総合法律研究所会社法研究部会『Q＆A平成13年改正商法』43頁（新日本法規出版、2002年）参照、原田晃治編『平成13年改正商法　Q＆A株式制度の改善・会社運営の電子化』84頁（商事法務、2002年）。
8　原田・前掲注7）85頁参照。

れ、ストックオプションは、付与日における価値を前提として、役職員の発行会社に対する役務提供の対価として利用されていることから、企業会計上、ストックオプションの付与日におけるストックオプションの公正な価値を付与日から権利確定日までの期間にわたって費用計上することとされた。これに伴い、会社法においても、ストックオプションの付与は取締役の職務執行の対価の付与であるとして、役員報酬と整理され[9]、必ずしも新株予約権の有利発行になるとは限らないとされた。

そこで、法人税法上も、平成18年度税制改正において、ストックオプションについては役員または使用人に対する報酬であって、損金性が認められるとして、役職員において所得税法上の給与所得等の勤労性の所得として課税されるタイミングで発行会社においても損金算入を認めることになった[10]。

⑹　平成29年度税制改正による取扱いの変更・明確化

ストックオプションは、役職員に対して中長期的なインセンティブ効果やリテンション効果をもたらす仕組みとして広く利用されていることもあり、平成29年度税制改正において、ストックオプションに関する法人税の取扱いが変更・明確化された。具体的には、従前、役員に対して付与されたストックオプションの権利が行使されたタイミングで、会社は、役員報酬として損金算入が可能であったが、事前確定届出給与または業績連動給与の要件を満たさなければ、損金算入できないこととなった。そして、事前確定届出給与または業績連動給与

9　相澤哲編著『立案担当者による新・会社法の解説』105頁（商事法務、2006年）。
10　財務省『改正税法のすべて　平成18年度版』344頁（大蔵財務協会、2006年）以下。

の要件を満たすためには、役員がストックオプションの権利行使に
よって取得する株式が原則として上場株式に限定されたため、非上場
会社において、親会社が上場会社である場合を除き、ストックオプショ
ンの権利行使によって役員報酬として損金算入できる可能性がなく
なった。他方で、従前は社員が非居住者である場合、会社で損金算入
できる余地はなかったが、税制改正によりストックオプションの権利
行使によって損金算入できる可能性が認められた。

　以上のように、ストックオプションの税務上の取扱いについては、
平成10年度税制改正以来、幾度も改正を経て現在に至っている。今
後も会社法や会計の取扱いの変更によっては、税制も影響を受ける可
能性があるため、会計上の取扱いや会社法・税制改正に関する議論に
ついては、注視が必要である。

3 ストックオプションの種類

　ストックオプションにはさまざまな種類があり得るが、役職員に対
するインセンティブプランとして、典型的には、以下の3つがある。

---

① フルバリュー型（株式報酬型）ストックオプション

② 通常型ストックオプション

③ 有償ストックオプション

　まず、フルバリュー型（株式報酬型）ストックオプションとは、新

株予約権の目的である株式の１株当たりの株価にかかわらず、権利行使価額を０円に近い金額とすることにより（実務上は１円とする場合が多い）、権利行使によって取得する株式の経済的価値すべてが、権利行使をした役職員の利益になり、実質的に株式を無償で付与したことと同様の効果をもたらすように設計されるストックオプションである。税務の観点からすると、フルバリュー型（株式報酬型）ストックオプションは、原則として（株価次第で）租税特別措置法29条の２第１項の要件を満たさない、いわゆる税制非適格ストックオプションに該当する[11]。

　他方で、１株当たりの権利行使価額を、ストックオプションに係る割当契約（付与契約ともいう）締結時の１株当たりの株価に相当する金額以上の金額として設計されるストックオプションが通常型ストックオプションである。通常型ストックオプションの場合、発行会社の株価が権利行使価額以上に上昇しなければ、役職員は、ストックオプションの権利行使をしたとしても利益を得ることができないため、通常型ストックオプションは、企業価値の向上に寄与するインセンティブとなる。税務の観点からすると、通常型ストックオプションは、租税特別措置法29条の２第１項の要件を満たす、いわゆる税制適格ストックオプションに該当することが多い。

　また、付与対象者がストックオプションの付与を受ける時点において当該ストックオプションのその時点における公正な価額を実際に払い込む、いわゆる有償ストックオプションも用いられている。有償ストックオプションは、公正な価額の払込みを行うため、厳密には、報酬・給与としての性格を有しないと考えられる。しかし、実務上、役

11　ただし、2023年７月の通達改正により、税制適格ストックオプションをフルバリュー型として利用できる余地が生じたことについては、後記第３章１(4)②参照。

職員に対するインセンティブプランの一種として利用されていることから、本書において、税制非適格ストックオプションおよび税制適格ストックオプションとあわせて解説する。

4　ストックオプションの課税関係を検討する視点

　ストックオプションの税務上の取扱いを検討する際には、大きく、ストックオプションの付与時、行使時および行使により取得した株式の譲渡時の3つのタイミングに分けることが必要となる。課税関係は、ストックオプションを付与された役職員とストックオプションの発行会社のそれぞれで検討を要する。

　また、ストックオプションは、上記のとおり、税務の観点から、税制非適格ストックオプション、税制適格ストックオプションおよび有償ストックオプションの3つに分類される（税制非適格および税制適格ストックオプションは役務提供の対価として付与されており、かつ、譲渡制限が付されていることを前提とする）。

　この区分および分類に従ったストックオプションの課税関係の概要は、以下の図表のとおりである。

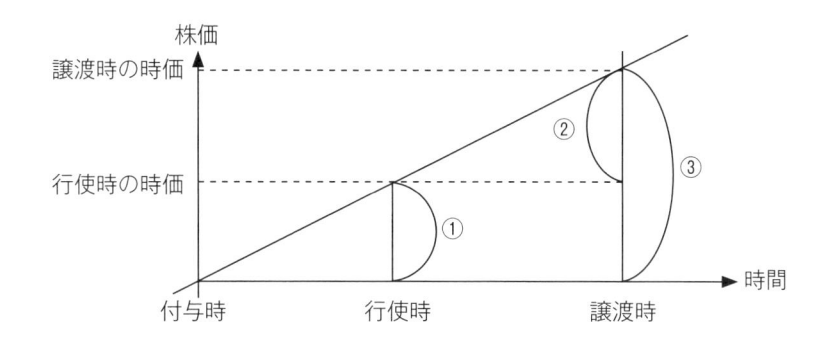

		付与時	行使時	譲渡時
税制非適格	付与を受けた役職員の課税関係	×	①につき給与または退職所得課税	②につき譲渡所得課税
	発行会社における損金算入の可否	×	損金算入の額は、オプションバリュー	×
税制適格	付与を受けた役職員の課税関係	×	×	③につき譲渡所得課税
	発行会社における損金算入の可否	×	×	×
有償	付与を受けた役職員の課税関係	×	×	③につき譲渡所得課税（払込価額は取得費となる）
	発行会社における損金算入の可否	×	×	×

　また、上記のストックオプションの付与時・権利行使時・権利行使により取得した株式の譲渡時以外に、役職員が第三者または発行会社に対してストックオプションを譲渡する場合やストックオプションが消滅する場合もあるため、それぞれについてストックオプションの類型ごとの課税関係も説明する。

第2章

税制非適格
ストックオプションの税務

1 税制非適格ストックオプションの概要

　税制非適格ストックオプションとは、租税特別措置法29条の2第1項に規定された税制適格要件を満たさないストックオプションである。役職員に対して発行される税制非適格ストックオプションは、新株予約権の目的である株式の1株当たりの株価にかかわらず、権利行使価額を1円とするなど[12]（フルバリュー型）、僅少な金額とできるが、原則として（株価次第で）税制適格要件を満たすことができない。このように権利行使価額を僅少な金額とすることで、役職員は、株価が上昇していなくても、ストックオプションを行使することによって経済的利益を受けることができるため、役職員のインセンティブを引き出すことが可能となる。

　例えば、税制非適格ストックオプションについて、以下のような設計が考えられる。

12　会社法236条1項2号によれば、新株予約権の内容として「当該新株予約権の行使に際して出資される財産の価額又はその算定方法」を定めなければならないとされており、出資を行わずに行使できる新株予約権の発行は予定されていない。ただし、「当該新株予約権の行使に際して出資される財産の価額」として名目的な額（例えば1円等）を設定することは可能である。なお、上場会社については、取締役に対してストックオプションを付与する場合に、権利行使価額を0円とすることが令和元年会社法改正で認められることになった（会社法236③）が、非上場会社についてはこのような改正はなされていない。

新株予約権の内容	具体例
付与対象者	発行会社の役職員
新株予約権の目的である株式の種類および数	新株予約権の目的である株式は普通株式 新株予約権1個につき、普通株式100株
新株予約権の行使に際して出資される財産の価額（権利行使価額）	各新株予約権の行使に際して出資される財産の価額は、当該各新株予約権を行使することにより交付を受けることができる株式1株当たり1円 ※株式分割や株式併合が行われた場合の行使価額の調整
新株予約権を行使することができる期間	10年間
新株予約権の行使の条件	新株予約権者が権利行使時において発行会社（または子会社）の役職員の地位にあること
譲渡による新株予約権の取得の制限	取締役会の決議による承認を必要とする

　しかし、以下で解説するとおり、税制非適格ストックオプションは、権利行使時において給与所得課税が生じ、源泉徴収が必要となる。

2　税制非適格ストックオプションを付与した場合

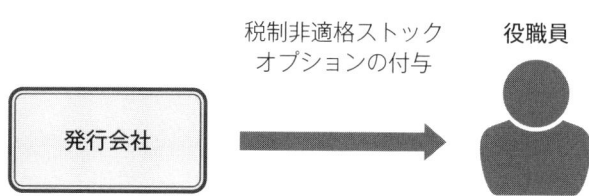

税制非適格ストック
オプションの付与　　　役職員

発行会社

(1) 役職員の課税関係

　一般的に、ストックオプションを発行する際には、付与対象者である役職員からの払込みは行われない。ストックオプションについて払込みが行われない場合の法律構成としては、以下の2つである。

---

　①　ストックオプション自体を職務執行の対価と考え、金銭の払込みを要することなくストックオプションを付与する方法(「無償構成」)

　②　ストックオプションの公正価値相当額の金銭債権を役職員に付与するのと同時に、当該公正価値相当額を払込金額としてストックオプションを付与し、払込金額について会社が有する債権と役職員が有する金銭債権とを相殺する方法（「相殺構成」）

　相殺構成の場合、発行会社が役職員に対していったん金銭債権を付与していることから、当該金銭債権相当額が給与所得として課税されるのではないかという問題がある。しかし、税務当局は、「報酬債権については、いかなる事情があろうとも現実に金銭が支払われることはなく、本件新株予約権の払込金との相殺に供する目的においてのみ生ずるものとされているとともに、権利行使がされるまでは新株予約権に係る経済的利益は実現しないことから、所得税法第36条《収入金額》の適用上、付与時および相殺時における収入すべき金額はないこととなり、権利行使時まで課税関係は生じません。」と説明しており[13]、相殺構成においてストックオプション付与時に役職員に給与所

13　質疑応答事例「金銭の払込みに代えて報酬債権をもって相殺するストックオプションの課税関係」(https://www.nta.go.jp/law/shitsugi/shotoku/02/33.htm)。

得課税は生じないことが明らかにされている。

質疑応答事例

金銭の払込みに代えて報酬債権をもって相殺するストックオプションの課税関係

【照会要旨】

当社では、「ストックオプション等に関する会計基準」に従い、会計上、新株予約権に係る公正な評価額を勤務対象期間（割当日から翌年の株主総会開催日の前日（権利確定日）までの間）において費用計上することを前提に、取締役に対する役務提供の対価として、新株予約権に係る金銭の払込みに代えて報酬債権をもって相殺する方法により、譲渡制限を付した新株予約権を発行する予定です。

この新株予約権に係る経済的利益に対する課税関係はどのようになりますか。

なお、この新株予約権に係る報酬債権は、役職に応じて支給される固定報酬とは別のものであり、新株予約権の払込金との相殺に供されるほかは、いかなる事情があっても金銭による支給はされません。

【回答要旨】

権利行使時に権利行使益を給与所得として課税することとなります。

照会の新株予約権については、取締役の役務提供の対価として付与され、新株予約権の内容として譲渡制限が付されており、取

締役は本件新株予約権の権利を行使することによって初めて経済的利益を享受することができることから、その経済的利益を享受することとなる権利行使時に、権利行使益を給与所得として課税することとなります（所得税法施行令第84条第3項第2号、所得税基本通達23〜35共−6(1)イ）。

　なお、取締役から受ける役務提供の対価としてストックオプションを用いる取引については、会社法上、報酬債権をもって相殺しているため、有償発行と整理されますが、照会の報酬債権については、いかなる事情があろうとも現実に金銭が支払われることはなく、本件新株予約権の払込金との相殺に供する目的においてのみ生ずるものとされているとともに、権利行使がされるまでは新株予約権に係る経済的利益は実現しないことから、所得税法第36条《収入金額》の適用上、付与時及び相殺時における収入すべき金額はないこととなり、権利行使時まで課税関係は生じません。

　また、権利行使益は、権利行使日における株価（時価）から新株予約権の取得価額にその行使に際し払い込むべき額（権利行使価額）を加算した金額を控除した金額とされていますが、照会の新株予約権のように、その譲渡が禁止されていること等により付与時に課税されない新株予約権については、その取得価額はないこととなりますので、権利行使日における株価（時価）から権利行使価額を控除した金額が権利行使益となります。

【関係法令通達】

　所得税法第36条、所得税法施行令第84条第3項第2号、所得税基本通達23〜35共−6

　無償構成の場合、発行会社が役職員に対して税制非適格ストックオプションを付与するため、当該ストックオプションの時価相当額が役職員において給与所得になるのではないかという問題はあるものの、ストックオプションに譲渡制限が付されている場合は、付与される役職員において、ストックオプション相当額の経済的利益（所得）はいまだに実現しておらず、課税は生じないと解されている。他方で、ストックオプションに譲渡制限が付されていないという例外的な場合は、当該ストックオプションの付与時における時価につき、原則として給与所得として所得税等が課される。

　なお、ストックオプションの付与を受けた場合には、付与を受けた役職員は、以下の区別に応じて、ストックオプションの価額につき、財産債務調書へ記載すべきかを検討する必要がある[14]。

権利行使可能期間内	ストックオプションに関する権利の価額の計算：（「その年の12月31日におけるストックオプションの対象となる株式の価額」－「1株当たりの権利行使価額」）×「権利行使により取得することができる株式数」（財産債務調書通達6の2－9(5)）
権利行使可能期間外	財産債務調書への記載は不要（財産債務調書通達6の2－1(1)ロ注）

(2)　発行会社の課税関係

　ストックオプション（新株予約権）は税務上負債として取り扱われるため、発行会社において、ストックオプションを付与した時点では特段の課税関係は生じない。税制非適格ストックオプションを付与し

14　「財産債務調書制度（ＦＡＱ）」問26参照
　　（https://www.nta.go.jp/publication/pamph/hotei/zaisan_saimu/pdf/zaisan_faq_h02_01.pdf）。

た場合の税務仕訳は次のとおりであり[15]、借方に計上される前払費用は、原則として税制非適格ストックオプションの付与時の時価（いわゆるオプションバリュー）となる（法令111の3③）。この前払費用は、税制非適格ストックオプションを付与した時点では損金算入することができない。

【税務仕訳】

借方	金額	貸方	金額
前払費用（損金不算入）	××円	新株予約権	××円

　なお、新株予約権の付与に関連して支出した費用がある場合、税務上、当該支出は繰延資産に該当し（法法2二十四、法令14①五）、任意償却されることになる。

15　財務省『改正税法のすべて　平成19年度版』369頁（大蔵財務協会、2007年）に記載されている税務処理に準拠している。

3　税制非適格ストックオプションを 行使した場合

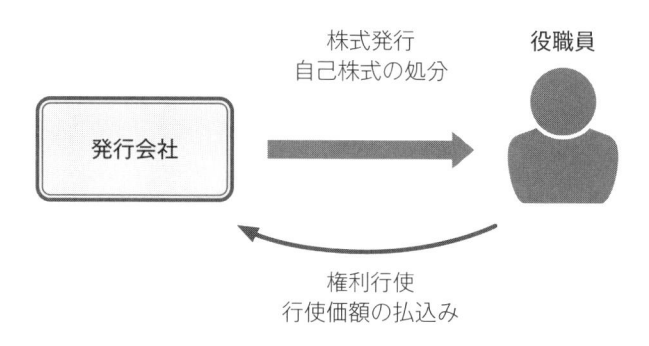

(1)　役職員の課税関係

①　所得実現のタイミング

　役職員において、税制非適格ストックオプションの権利を行使した日において、税制非適格ストックオプションに係る所得が実現したものとして、所得が認識される（所法36①②、所令84③三）。

②　所得区分

　税制非適格ストックオプションの権利行使により生じる所得の所得区分については、所得税基本通達23 ～ 35共 − 6 が取扱いを明らかにしている。

権利行使者	法律関係	所得区分
役務提供の対価としてストックオプションを付与された者がこれを行使した場合	発行会社と権利を与えられた者との間の雇用契約またはこれに類する関係に基因して当該権利が与えられたと認められるとき	給与所得 ※退職後に当該権利の行使が行われた場合において、例えば、権利付与後短期間のうちに退職を予定している者に付与され、かつ、退職後長期間にわたって生じた株式の値上り益に相当するものが主として供与されているなど、主として職務の遂行に関連を有しない利益が供与されていると認められるときは、雑所得
	権利を与えられた者の営む業務に関連して当該権利が与えられたと認められるとき	事業所得または雑所得
	上記以外	原則として雑所得
上記以外の者がこれを行使した場合		一時所得 ※当該発行会社の役員または使用人に対しその地位または職務等に関連して株式を取得する権利が与えられたと認められるときは給与所得とし、これらの者の退職に基因して当該株式を取得する権利が与えられたと認められるときは退職所得

　上記の表から明らかであるとおり、役職員に対して付与されたストックオプションについては、雇用契約またはこれに類する関係に基因して付与が行われたと認められることから、権利行使益は、原則として給与所得に区分される[16]。税制非適格ストックオプションには、権利行使時において役職員の地位にあることや業績達成等の一定の行使条件が付されている場合もあるが、行使条件の有無は権利行使益の

16　最判平成17年1月25日判時1886号18頁も同旨。

所得区分には影響を及ぼさない。

　また、スタートアップ企業ではあまり見られないが、一般の非上場会社においては、税制非適格ストックオプションを退職金代わりに利用したいというニーズも一応あり得る。税制非適格ストックオプションの権利行使益が退職所得に区分されるかについては、検討すべき論点がいくつかある。

　そもそも、所得税法上、取得する経済的利益が退職所得に区分されるためには、以下の３つの要件を満たす必要がある[17]。

---

① 　退職という事実によって初めて給付されること
② 　従来の継続的な勤務に対する労務対価の一部の後払い的性質を有すること
③ 　一時金として支払われること

　まず、要件①に関し、国税庁が公表した文書回答事例において、権利行使期間が退職から10日間に限定されている税制非適格ストックオプションの権利行使益に係る所得区分については、退職所得と取り扱われることを認めている[18]。もっとも、権利行使期間が退職から10日間に限定されていない場合の権利行使益がいかなる所得区分となるかについては、取扱いが定まっているものではない。したがって、実務上、退職慰労金に代えて税制非適格ストックオプションを付与する場合には、上記文書回答事例に基づいて、ストックオプションの行使条件として、退職日から10日間に限定することが多い。

17　最判昭和58年９月９日民集37巻７号962頁。
18　国税庁ホームページ「権利行使期間が退職から10日間に限定されている新株予約権の権利行使益に係る所得区分について」（https://www.nta.go.jp/about/organization/tokyo/bunshokaito/gensen/07/02.htm）。

また、要件①を満たすためには、権利行使益が、本来退職しなかったとしたならば得ることができなかったものと認められることが必要となる。この点について、税制非適格ストックオプションに関し、例えば、付与から5年以内に行使することという条件が付されているのみであって、行使条件が退職と紐付けられていない場合、退職に伴って当該税制非適格ストックオプションを行使したとしても、退職しなかったとしたならば得ることができなかったものとは認められず[19]（すなわち、退職しなかったとしても、権利行使をして権利行使益を得ることができた）、要件①を満たさないと考えられる[20]。

　要件②について、所得税基本通達23 〜 35共−6(1)イは、「退職後に当該権利の行使が行われた場合において、例えば、権利付与後短期間のうちに退職を予定している者に付与され、かつ、退職後長期間にわたって生じた株式の値上り益に相当するものが主として供与されているなど、主として職務の遂行に関連を有しない利益が供与されていると認められるときは、雑所得」として取り扱う旨を明らかにしている点に留意が必要となる。

　以上のとおり、税制非適格ストックオプションを退職金代わりとして利用したい場合には、退職所得に該当するかを慎重に判断する必要がある。

③　所得金額

　役職員において、税制非適格ストックオプションの権利行使によって取得した利益に係る収入金額は、当該行使により取得した株式のその行使の日の株式の時価から、ストックオプションの取得価額に権利

19　冨永賢一『現物給与をめぐる税務』588頁（大蔵財務協会、令和4年度版、2022年）。
20　ストックオプションではなく、リストリクテッド・ストック・ユニットの事案であるが、名古屋地判平成26年5月29日裁判所ウェブサイトも同旨。

行使の際に払い込むべき価額（権利行使価額）を加算した金額を控除した金額（権利行使益）となる（所法36②、所令84③三、所基通23〜35共－6の2）。なお、相殺構成の場合、会社法上は、付与された報酬債権を払い込んでいるものの、無償構成と同様に、ストックオプションの取得価額はゼロと解されている[21]。

$$\text{収入金額} = \boxed{\begin{array}{c}\text{権利行使によって}\\\text{取得した株式の時価}\end{array}} - \boxed{\begin{array}{c}\text{ストックオプションの取得価額}\\+\\\text{権利行使価額}\end{array}}$$

権利行使によって取得した株式の時価とは、所得税基本通達23〜35共－9の例により算定した金額とされている。

所得税基本通達23〜35共－9

　令第84条第3項第1号及び第2号に掲げる権利の行使の日又は同項第3号に掲げる権利に基づく払込み若しくは給付の期日（払込み又は給付の期間の定めがある場合には、当該払込み又は給付をした日。以下この項において「権利行使日等」という。）における同条第3項本文の株式の価額は、次に掲げる場合に応じ、それぞれ次による。

(1)　これらの権利の行使により取得する株式が金融商品取引所に上場されている場合　当該株式につき金融商品取引法第130条の規定により公表された最終の価格（同日に最終の価格がない場合には、同日前の同日に最も近い日における最終の価格とし、2以上の金融商品取引所に同一の区分に属する最終

21　質疑応答事例・前掲注13）参照。

の価格がある場合には、当該価格が最も高い金融商品取引所の価格とする。以下この項において同じ。）とする。

(2) これらの権利の行使により取得する株式に係る旧株が金融商品取引所に上場されている場合において、当該株式が上場されていないとき　当該旧株の最終の価格を基準として当該株式につき合理的に計算した価額とする。

(3) (1)の株式及び(2)の旧株が金融商品取引所に上場されていない場合において、当該株式又は当該旧株につき気配相場の価格があるとき　(1)又は(2)の最終の価格を気配相場の価格と読み替えて(1)又は(2)により求めた価額とする。

(4) (1)から(3)までに掲げる場合　以外の場合次に掲げる区分に応じ、それぞれ次に定める価額とする。

イ　売買実例のあるもの　最近において売買の行われたもののうち適正と認められる価額

(注)その株式の発行法人が、会社法第108条第1項《異なる種類の株式》に掲げる事項について内容の異なる種類の株式（以下「種類株式」という。）を発行している場合には、株式の種類ごとに売買実例の有無を判定することに留意する。

ロ　公開途上にある株式で、当該株式の上場又は登録に際して株式の公募又は売出し（以下この項において「公募等」という。）が行われるもの（イに該当するものを除く。）金融商品取引所又は日本証券業協会の内規によって行われるブックビルディング方式又は競争入札方式のいずれかの方式により決定される公募等の価格等を参酌して通常取引されると認められる価額

　�)公開途上にある株式とは、金融商品取引所が株式の上
　　場を承認したことを明らかにした日から上場の日の前
　　日までのその株式及び日本証券業協会が株式を登録銘
　　柄として登録することを明らかにした日から登録の日
　　の前日までのその株式をいう。

ハ　売買実例のないものでその株式の発行法人と事業の種
　　類、規模、収益の状況等が類似する他の法人の株式の価
　　額があるもの　当該価額に比準して推定した価額

ニ　イからハまでに該当しないもの　権利行使日等又は権利
　　行使日等に最も近い日におけるその株式の発行法人の1
　　株又は1口当たりの純資産価額等を参酌して通常取引さ
　　れると認められる価額

　�注1　上記ニの価額について、次によることを条件に、
　　　昭和39年4月25日付直資56・直審（資）17「財産
　　　評価基本通達」（法令解釈通達）（以下「財産評価基
　　　本通達」という。）の178から189－7まで（（取引
　　　相場のない株式の評価））の例により算定している
　　　場合には、**著しく不適当と認められるときを除き、**
　　　その算定した価額として差し支えない。

　　⑴　当該株式の価額につき財産評価基本通達179の例
　　　により算定する場合（同通達189－3の⑴におい
　　　て同通達179に準じて算定する場合を含む。）に
　　　おいて、当該株式を取得した者が発行法人にとっ
　　　て同通達188の⑵に定める「中心的な同族株主」
　　　に該当するときは、発行法人は常に同通達178に
　　　定める「小会社」に該当するものとしてその例に

よること。

⑵ その株式の発行法人が土地（土地の上に存する権利を含む。）又は金融商品取引所に上場されている有価証券を有しているときは、財産評価基本通達185に定める「1株当たりの純資産価額（相続税評価額によって計算した金額）」の計算に当たり、これらの資産については、権利行使日等における価額によること。

⑶ 財産評価基本通達185の本文に定める「1株当たりの純資産価額（相続税評価額によって計算した金額）」の計算に当たり、同通達186－2により計算した評価差額に対する法人税額等に相当する金額は控除しないこと。

2　その株式の発行法人が、種類株式を発行している場合には、その内容を勘案して当該株式の価額を算定することに留意する。

㊟この取扱いは、令第354条第2項《新株予約権の行使に関する調書》に規定する「当該新株予約権を発行又は割当てをした株式会社の株式の1株当たりの価額」について準用する。

（下線・太字は筆者）

　非上場株式の場合には、所得税基本通達23～35共－9⑴から⑶に該当しないため、同⑷によって評価されることになる。所得税基本通達23～35共－9⑷は2023年7月に改正され、上記⑷イの注書きおよびニの㊟1、2が新たに追加された。また、同日に国税庁から「ストッ

クオプションに対する課税（Q&A）」（以下、「本Q&A」という）
が公表された[22]。これらの内容から、主として、以下の点が明確になっ
た。

---

① 売買実例の有無については、株式の種類ごとに判定すること。

② 財産評価基本通達の例により株価を算定している場合には、
著しく不適当と認められる場合を除き、その算定した価額とす
ることができること。

③ その株式の発行法人が、種類株式を発行している場合には、
その内容を勘案して、個別に普通株式の価額を算定すること。

まず、①は、経済産業省が公表した報告書[23]において、「普通株式
のほかに種類株式を発行している未公開会社が新たに普通株式を対象
とするストックオプションを付与する場合、種類株式の発行は、この
『売買実例』には該当しません。（国税庁確認済み）」としている点を
通達として明確化したものである。したがって、普通株式を対象とす
る税制非適格ストックオプションを発行する直前に、非上場会社が普
通株式以外の種類株式を発行して資金調達をしていたとしても、当該
種類株式を発行した際の払込価額を「売買実例」とする必要はないこ
とになる。

また、売買実例のある株式は、通達においては「最近において」売
買が行われたものと定められている。しかし、本Q&A問5では、「最
近（概ね6月以内）」において売買の行われた株式であるとして、売

22　本Q&Aは、令和6年11月に改訂されており、本書の内容は当該改訂を前提とする。

23　経済産業省「未上場企業が発行する種類株式に関する研究会報告書」（平成23年11月）。

買実例を判定する具体的な期間を明らかにした[24]。もっとも、非上場株式の売買実例に該当するかが争点となった事案[25]においては、課税時期から約1年1ヵ月または2年5ヵ月前の売買実例であっても、同族会社においてはそもそも株式の取引事例が乏しいのが通常であり、上場されていないため、投機目的の取引がないのであるから、上場株式のように価格が小刻みに変動することもなく、この程度の時間的間隔をもって直ちに時価算定の参考にならないということはできない旨判示している。したがって、「概ね6月以内」と明記されたことは、実務上大きな意味があるとまではいえないと考えられる。

　加えて、増資についても売買実例として取り扱う点が明らかにされているが、その株式を対象とした新株予約権の発行や行使は売買事例には該当しないものとされている。増資を売買実例として取り扱うべきかという点について、法人税に関し、東京地判平成21年9月17日裁判所ウェブサイトは、「第三者割当と売買とは私法上の法的性質を本質的に異にするものであり、上記の第三者割当をめぐる状況も相まって、第三者割当に係る株式の発行価格自体も割当て時点の当該株式の市場価値を反映するものとはいい難い上、税法上も全く異なる規律に服するものであることに鑑みると、連基通8－1－23(1)および法基通9－1－13(1)の『売買実例』には第三者割当は含まれないものと解するのが相当である。」とし、「売買実例」には第三者割当増資は該当しないと判断していた。したがって、税制非適格ストックオプションの収入金額を算定する際に、権利行使の前に行われた第三者割当増資を売買実例とすることが妥当であるか、疑問はあるものの、実

24　非上場株式の評価に関する規定である法人税基本通達9－1－13においても、売買実例を判定する期間は「当該事業年度終了の日前6月間において売買の行われたもの」とされている。

25　大分地判平成13年9月25日税資251号順号8982。

34

務上は留意する必要がある。

　次に、②の財産評価基本通達（以下、「財基通」という）の例により株価を算定することが「著しく不適当」と認められる場合について、財基通に基づき算定した株価が、会計上算定した普通株式の価額の2分の1以下となるような場合が例示として挙げられている。この例示により、「著しく不適当」の判定のために、常に会計上の株価を把握するために専門家による株式評価書を取得する必要があるのかという疑問が生じる。この点については、「著しく不適当」の判定にあたって、必ずしも会計上の株価に係る評価書等の取得が求められているわけではないと思われるものの、税務調査に備えて、「著しく不適当」ではないことを示す根拠資料を準備することが必要になる[26]。さらに、上記のとおり、種類株式の発行は売買実例には該当しないものの、種類株式の発行価額を決定するために、専門家が企業価値評価を行っている場合には、当該企業価値評価における評価額を基準として「著しく不適当」であるかが判断される可能性もある点に注意が必要であろう。

　③の点（種類株式の内容を勘案すること）については、税制適格ストックオプションの要件との関係で重要であるため、後記第3章1(4)②で解説する。

26　「非適格ＳＯ、財基通利用なら証明資料を」T&A master 990号。

　健康保険・厚生年金保険の保険料の額や保険給付の額の計算の基礎となる「標準賞与額」の計算において、その計算の中心となる「賞与」の意味について、賃金、給料、俸給、手当、賞与その他いかなる名称であるかを問わず、労働者が、労働の対償として受けるすべてのもののうち、3月を超える期間ごとに受けるものをいうと定義されている（健康保険法3⑥、厚生年金保険法3①四）。そこで、税制非適格ストックオプションの権利行使によって得られた権利行使益が「賞与」に該当するかが問題となる。

　この点について、権利付与を受けた労働者が権利行使を行うか否か、また、権利行使するとした場合において、その時期や株式売却時期をいつにするかを労働者が決定するものとしていることから、ストックオプション制度から得られる利益は、それが発生する時期および額ともに労働者の判断に委ねられているため、労働の対償ではなく、労働基準法11条の「賃金」にはあたらないものであると解されている（平成9年6月1日基発412号）。

　したがって、ストックオプションの権利行使益は「賞与」に該当せず、健康保険・厚生年金保険の保険料等の計算上、加算する必要はないと考えられる。

④　権利行使により取得した株式の取得価額

　税制非適格ストックオプションの権利を行使することによって取得した株式の取得価額は、行使をした日における時価である（所令109①三）。株式の時価は、上記③で述べたとおりである。

　なお、権利行使前に発行会社が上場していた場合、税制非適格ストッ

クオプションの権利を行使することによって取得した株式について、特定口座に受入れを行うことができる。

(2)　発行会社の課税関係

①　資本等取引としての取扱い

　役職員が税制非適格ストックオプションの権利を行使した場合、発行会社において、株式を新規発行または自己株式の処分を行うことになる。そこで、ストックオプションの権利行使は、発行会社においては資本等取引に該当し、権利行使価額と新株予約権の帳簿価額の合計額が資本金等の額として計上されるとともに（法令8①二）、税制非適格ストックオプションを付与した事業年度から前払費用として計上していた額を役職員報酬に振り替えることになる。

【税務仕訳】

借方	金額	貸方	金額
現金（権利行使価額）	××円	資本金等の額	××円
新株予約権	××円		
役職員報酬	××円	前払費用	××円

②　損金算入の可否

　上記のとおり、発行会社においては、税制非適格ストックオプションの権利行使のタイミングにおいて、前払費用として計上していた額を役職員報酬として振り替えることになるところ、発行会社は、当該役職員報酬を損金算入できるかが問題となる。この点について、付与対象者が発行会社の従業員か役員かによって、取扱いが大きく異なるため、以下、2つに分けて説明する。

（ⅰ） 従業員が税制非適格ストックオプションを行使した場合

　従業員が税制非適格ストックオプションの権利を行使した場合、発行会社は、従業員に対する給与として、原則として、権利行使日の属する事業年度において損金の額に算入することができる（法法22③二）。すなわち、付与された税制非適格ストックオプションが「特定新株予約権」に該当すると、発行会社は、当該「特定新株予約権」を付与された従業員に給与所得等（給与所得、事業所得、退職所得および雑所得）が生ずべき事由（給与等課税事由[27]）が生じた日において、従業員から役務の提供を受けたものとして、「特定新株予約権」が交付された時の時価（いわゆるオプションバリューであり、付与時に前払費用として計上した金額）に相当する金額を損金算入できることとされている（法法54の2①、法令111の3②。ただし、特定新株予約権の交付が正常な取引条件で行われた場合に限る）[28]。

　「特定新株予約権」とは、譲渡制限付新株予約権であって、以下の要件に該当するものをいう。

---

① 当該譲渡制限付新株予約権と引換えにする払込みに代えて当該役務の提供の対価として当該個人に生ずる債権をもって相殺されること。

② 上記①のほか、当該譲渡制限付新株予約権が実質的に当該役務の提供の対価と認められるものであること。

　通常、ストックオプションとして発行された新株予約権は、上記2

27　権利行使時の株式の時価が行使価額を下回っていたことによって、役職員に所得税が課されない場合であっても、給与等課税事由には該当する。

28　なお、法人税法54条の2第1項は、損金の額を認識すべき時期を定めたものであって、損金算入できるか否かについては、別途検討が必要である。

つのどちらかの要件を満たしており（相殺構成または無償構成）、「特定新株予約権」に該当すると思われる。

　本来であれば、従業員が提供する役務の時価相当額が損金の額になるのが原則であるものの、役務の時価相当額につき、どの時点の時価相当額とするかが必ずしも明らかではないこと等から、付与時のストックオプションの価額（いわゆるオプションバリュー）をもって損金の額に算入するとされている[29]。したがって、損金算入できる金額は、企業会計上のストックオプションの費用と原則として一致することになる。そこで、会計上、税制非適格ストックオプションの付与から行使までの事業年度で株式報酬費用として計上し、税務上損金算入を否認していた当該株式報酬費用の合計額に相当する金額を認容減算する処理を行うことになる。他方で、上記(1)のとおり、従業員の権利行使益に係る収入金額は、権利行使時の株式の時価と行使価額との差額であることから、損金算入できる金額と従業員の所得の金額とは異なることになる。

(ii)　役員が税制非適格ストックオプションを行使した場合

　役員が税制非適格ストックオプションを行使した場合、従業員と異なり、役員給与の損金算入制限規定（法法34①～③）の適用を受けることになる。具体的には、損金算入するためには、定期同額給与、事前確定届出給与または業績連動給与のいずれかの要件を満たす必要がある。税制非適格ストックオプションの権利行使益は、行使によって得られる一時的な所得であるため、定期同額給与には該当しない。また、事前確定届出給与に該当するためには、ストックオプションの行使により交付される株式が原則として上場株式であること（適格新

29　財務省『改正税法のすべて　平成18年度版』348頁（大蔵財務協会、2006年）参照。

株予約権。法法34①二ハ）が求められているため、非上場会社においては、事前確定届出給与の要件を満たすことができない。さらに、業績連動給与として損金算入されるためには、有価証券報告書に記載されるべき事項によって調整される指標等に連動するもののみが該当するため、非上場会社においては、やはり業績連動給与の要件を満たすことができない。

したがって、役員が税制非適格ストックオプションを行使する場合、非上場会社においては損金算入する余地がないことになる[30]。

もっとも、税制非適格ストックオプションの権利行使益が退職給与に該当する場合（業績連動給与に該当する場合を除く）は、不相当に高額な部分の金額を除いて損金算入できる。法人税法における「退職給与」につき、東京高判平成29年7月12日税務訴訟資料267号順号13033は、「『退職給与』とは、役員が会社その他の法人を退職したことによって支給され、かつ、役員としての在任期間中における継続的な職務執行に対する対価の一部の後払いとしての性質を有する給与であると解すべきであり、役員が実際に退職した場合でなくても、役員の分掌変更または改選による再任等がされた場合において、例えば、常勤取締役が経営上主要な地位を占めない非常勤取締役になったり、取締役が経営上主要な地位を占めない監査役になったりするなど、役員としての地位または職務の内容が激変し、実質的には退職したと同様の事情にあると認められるときは、その分掌変更等の時に退職金として支給される金員も、従前の役員としての在任期間中における継続的な職務執行に対する対価の一部の後払いとしての性質を有する限りにおいて、『退職給与』に該当するものと解するのが相当である」と

30　ただし、非上場会社の親会社が上場会社であり、かつ、当該非上場会社の役職員が当該親会社の税制非適格ストックオプションの付与を受ける場合には、当該非上場会社において損金算入できる可能性がある。この点については、第2部第1章参照。

判示しており、所得税法上の「退職所得」と同様に解されている。したがって、税制非適格ストックオプションの権利行使益が上記(1)で述べた退職所得の要件を満たす場合には、発行会社においても損金算入できる余地がある。

③　源泉徴収の有無

　税制非適格ストックオプションの付与対象者において、その権利行使益が給与所得または退職所得に該当する場合、発行会社には、源泉徴収義務が生じる（所法183・199）。発行会社は、権利行使をした役職員に対して株式を交付するのみであって、現金を交付するわけではない。したがって、税制非適格ストックオプションの権利行使のタイミングで源泉徴収税額相当額の現金をグロスアップして支給するか、別途役職員に対して源泉徴収税額相当額の現金を請求する必要がある（所法222）。発行会社が役職員に対して現金で給与を支払っている場合には、その現金給与分と相殺することができるかが問題になるが、賃金の全額払いの原則（労働基準法24）には反せず、法的には可能であると解されている。

　また、発行会社が源泉徴収を失念していた場合、発行会社は、国に対して源泉所得税を納付するとともに、権利行使をした役職員に対して源泉徴収相当額を求償することができる（所法222）。発行会社が役職員に対して源泉徴収相当額を求償しない場合、当該役職員に対して源泉徴収相当額の支払債務を免除したことになり、当該役職員において給与所得が生じ、その分も源泉徴収が必要となるため、グロスアップ計算を要する（本Q＆A問４）。

税制非適格ストックオプションが行使された際、発行会社が権利行使をした役職員に対して新株を発行する場合には、権利行使に伴う払込金額および行使されたストックオプションの帳簿価額の合計額を資本金・資本準備金に計上するため（企業会計基準第8号「ストック・オプション等に関する会計基準」8）、資本金の増加に係る登記が必要となり、登録免許税が課されることになる。

他方で、税制非適格ストックオプションが行使された際に、発行会社が自己株式を処分した場合には、会計上、その他資本剰余金を計上するため、資本金は増加せず、登記は不要となり、登録免許税は課せられないことになる。

⑤ 法定調書および明細書の提出

発行会社は、税制非適格ストックオプションの行使があった場合、ストックオプションの行使に関する調書（および合計表）を、行使をした日の属する年の翌年1月31日までに税務署長に提出しなければならない（所法228の2、所令354①二）。

また、発行会社は、ストックオプションの付与時の価額、付与数などを記載した明細書を確定申告書に添付する必要がある（法法54の2④）。

4　税制非適格ストックオプションの行使により取得した株式を譲渡した場合

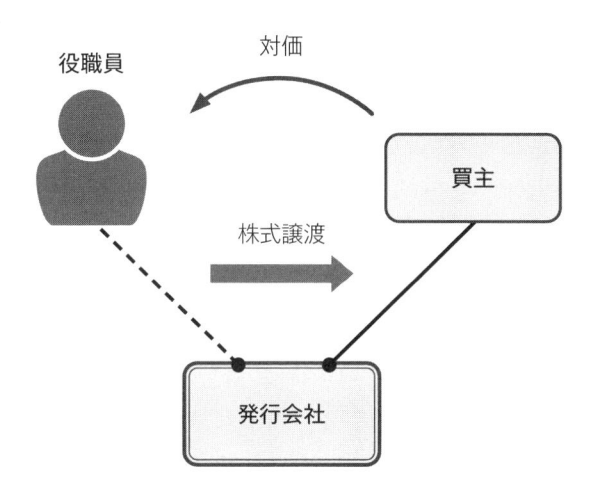

(1)　役職員の課税関係

　役職員が税制非適格ストックオプションの権利行使をしたことにより取得した株式を譲渡した場合、譲渡価額と当該株式の取得価額との差額が株式等に係る譲渡所得等に該当し、申告分離課税の対象となる（措法37の10。発行会社が上場していた場合には、措法37の11）。上記のとおり、税制非適格ストックオプションの権利を行使することによって取得した株式の取得価額は、権利の行使をした日における時価であるため（措通37の10・37の11共－9の2、所基通23〜35共－9）、税制非適格ストックオプションの権利行使により株式を取得した直後に時価で譲渡する場合には、譲渡所得は生じないと考えられる。

　なお、発行会社が上場しており、役職員が権利行使により取得した

株式を特定口座に受け入れていた場合には、源泉徴収口座を選択して確定申告を不要とすることも可能である（措法37の11の5①一、措令25の10の2⑭十二ニ）。

(2) 発行会社の課税関係

税制非適格ストックオプションの行使により株式を取得した役職員が株式を時価で譲渡した場合、発行会社にとっては、株主に異動が生じるのみであるため、特段の課税関係は生じない。

5 税制非適格ストックオプションを譲渡した場合

(1) 第三者に譲渡した場合

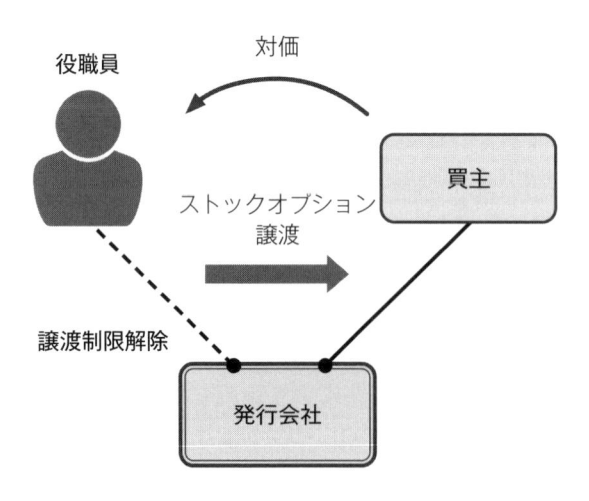

①　役職員の課税関係

　本書では、税制非適格ストックオプションには譲渡制限（譲渡による当該新株予約権の取得について発行会社の承認を要する旨の定め。会社法43②二かっこ書）が付されていることを前提としている。このような譲渡制限が付された税制非適格ストックオプションを第三者に対して譲渡する場合、会社法上、発行会社の承認により、この譲渡制限を解除する必要がある。税制非適格ストックオプションの譲渡制限を解除した場合、税務上、解除したタイミングでそれまで未実現と捉えられていた経済的利益が顕在化し、収入すべき金額が実現したものと解されている[31]。そして、税制非適格ストックオプションについて、譲渡制限の解除によって顕在化した経済的利益は、原則として、株主総会の承認（通常は取締役会の承認）を受けて譲渡制限が解除された日（譲渡承認日）における税制非適格ストックオプションの時価相当額であり、当該経済的利益は給与所得に該当すると考えられる。譲渡制限の解除と税制非適格ストックオプションの譲渡のタイミングが近接している場合には、譲渡制限の解除時の新株予約権の時価が取得価額になることから（所令109①六）、原則として譲渡所得は発生しないと思われる。

②　発行会社の課税関係

　上記のとおり、税制非適格ストックオプションの譲渡制限を解除したタイミングで、役職員において給与所得等の課税が生じ、給与等課税事由が発生することになるため、発行会社において損金算入が可能となる（実際に損金算入できるかという点については、上記3(2)②参

31　質疑応答事例「被買収会社の従業員に付与されたストックオプションを買収会社が買い取る場合の課税関係」（https://www.nta.go.jp/law/shitsugi/shotoku/02/49.htm）。

照）。譲渡制限を解除したタイミングでの税務仕訳は以下のとおりとなる。

【税務仕訳】

借方	金額	貸方	金額
役職員報酬	××円	前払費用	××円

③　第三者の課税関係

　ストックオプションそのものを譲り受けた第三者は、特に課税関係は生じない。なお、第三者が譲り受けたストックオプション（新株予約権）を行使した場合には、権利行使益には課税が生じない（所令109①一、法令119①二）。

(2)　発行会社に譲渡した場合

　役職員が発行会社に対して税制非適格ストックオプションを譲渡する場合、無償での譲渡と有償での譲渡に区別できる。そこで、以下では、無償で譲渡する場合と有償で譲渡する場合に分けて説明する。

　なお、発行会社が税制非適格のストックオプションを買い取る場合、会社法上、譲渡制限を解除する必要はない[32]。

32　譲渡制限新株予約権の新株予約権者は、その有する譲渡制限新株予約権を他人（当該譲渡制限新株予約権を発行した株式会社を除く）に譲り渡そうとするときは、当該株式会社に対し、当該他人が当該譲渡制限新株予約権を取得することについて承認をするか否かの決定をすることを請求することができるものとされており（会社法262）、発行会社に譲り渡そうとするときは、譲渡承認請求をすることは求められていない。

①　無償で譲渡する場合

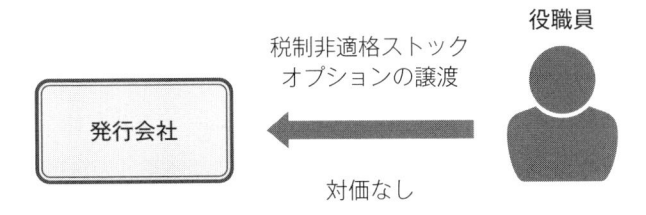

　まず、役職員が発行会社に対して無償で譲渡する場合の典型例は、一定の事由が生じたときに、発行会社が税制非適格ストックオプションを無償で取得できるという条項に基づくものが挙げられる。例えば、ストックオプションの発行要項において、以下のような内容が設けられることが多い（なお、Ｍ＆Ａが承認された場合も無償取得事由とされることがあるが、この点については、第2部第3章1参照）。

　当社は、以下の各号のいずれかの事由が発生した場合、本新株予約権を無償で取得することができる。

(a) 本新株予約権者が当社の取締役、監査役、従業員のいずれでもなくなった場合

(b) 本新株予約権者に次のいずれかに該当する事由が発生した場合
　①　死亡した場合
　②　禁錮以上の刑に処せられた場合
　③　当社の就業規則に規定する懲戒事由に該当した場合、又は本新株予約権者が役員である場合には、善管注意義務その他当社に対する義務に違反した場合
　④　法令違反その他不正行為により当社の信用を毀損した場合

⑤　故意又は過失により当社に損害を与えた場合

⑥　差押、仮差押、仮処分、強制執行若しくは競売の申立を
受け、又は公租公課の滞納処分を受けた場合

⑦　破産手続開始、民事再生手続開始その他これらに類する
手続開始の申立があった場合

⑧　反社会的勢力（暴力団、暴力団員、暴力団準構成員、暴
力団関係企業、総会屋、その他暴力、威力又は詐欺的手法
を使用して経済的利益を追求する集団又は個人を意味す
る。以下同じ。）であること、又は資金提供等を通じて反
社会的勢力と何らかの交流若しくは関与を行っていること
が判明した場合

　無償取得事由が生じた場合、税制非適格ストックオプションについては、発行会社によって無償取得され、役職員は経済的利益を得ることはないため、役職員において所得は発生しないと考えられる。また、発行会社においては、無償取得条項に基づいてストックオプションを無償取得したとしても、給与等課税事由も生じないことから、損金算入できず、計上していた前払費用を取り崩す処理になると考えられる（借方を新株予約権として計上することも考えられるものの、会社法上、無償取得によって新株予約権が消滅するものではないため、役員報酬として計上し、損金不算入になるように思われる。以下の税務仕訳参照）。

【税務仕訳】

借方	金額	貸方	金額
役職員報酬（損金不算入）	××円	前払費用	××円

　なお、無償取得事由には該当しないものの、発行会社がストックオプションを無償取得した場合においても、同様に役職員および発行会社において課税は生じないと考えられる。

②　有償で譲渡する場合

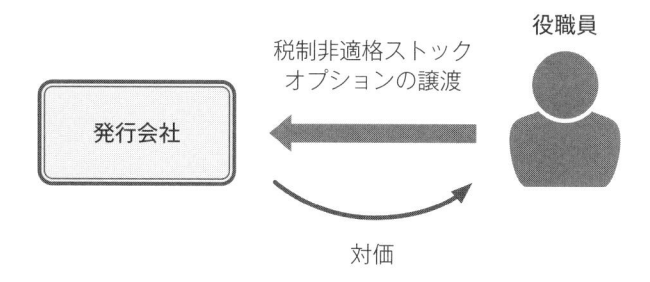

(i)　役職員の課税関係

　上記のとおり、発行会社が税制非適格のストックオプションを買い取る場合、会社法上、譲渡制限を解除する必要はない。しかし、所得税法上、役職員が発行会社に対して税制非適格ストックオプションを譲渡し、対価を収受した場合、その対価から税制非適格ストックオプションの取得価額（通常ゼロ）を控除した金額は、給与所得等として課税されることになる（所法41の2）。

(ii)　発行会社の課税関係

(a)　損金算入の可否

　上記のとおり、発行会社が役職員から税制非適格ストックオプションを取得したタイミングで役職員が給与所得等として課税されるため、給与等課税事由が生じたことになり、発行会社において、そのオプションバリュー相当額（買取りの対価として支払った金額ではない点に注意）について損金算入が可能となる。実際に損金算入できるかという点については、上記3⑵②を参照されたい。

借方	金額	貸方	金額
自己新株予約権	××円	現預金	××円
役職員報酬	××円	前払費用	××円

(b) 源泉徴収の有無

　役職員の給与所得等が生じる場合、発行会社は、源泉徴収が必要となる。

(c) 登録免許税の有無

　発行会社が税制非適格ストックオプションを取得したとしても、有償無償を問わず、資本金は増加しないため、登録免許税が課されることはない。

(d) 法定調書および明細書の提出

　発行会社が税制非適格ストックオプションを無償で取得したとしても、役職員が税制非適格ストックオプションを行使したものではないため、法定調書や明細書の提出は不要である。

③　自己新株予約権を消却または処分する場合

　発行会社が取得した自己新株予約権を消却した場合、その自己新株予約権が無償取得されたものであるか、有償取得されたものであるかによって税務処理が若干異なる。無償取得された自己新株予約権を消却するときは、負債に計上された新株予約権を取り崩し、同額を新株予約権消却益として計上するが、法人税法上は益金算入されない（法法54の2③）。

【税務仕訳】

借方	金額	貸方	金額
新株予約権	××円	新株予約権消却益 （益金不算入）	××円

　他方、有償取得した自己新株予約権を消却する場合は、自己新株予約権と新株予約権を取り崩すことから、その差額につき損益は生じるが、益金または損金の額には算入されない（法法54の2②③）。

【税務仕訳】

借方	金額	貸方	金額
新株予約権	××円	自己新株予約権	××円
［新株予約権消却損 （損金不算入）］	××円	［新株予約権消却益 （益金不算入）］	××円

　自己新株予約権の処分によるストックオプションの付与は、当該ストックオプションを発行した時と状況が異なり、行使可能期間や行使条件を変更したいと考えることが一般的であること等から、自己新株予約権を再度ストックオプションとして発行（処分）する事例はあまり見受けられない。
　仮に、自己新株予約権を処分した場合において、その税務処理は、処分の対価と自己新株予約権の帳簿価額との差額を自己新株予約権処分差益または自己新株予約権処分差損として、益金の額または損金の額に算入する。

【税務仕訳】

借方	金額	貸方	金額
現預金	××円	自己新株予約権	××円
［（自己新株予約権処分差損）］	××円	［（新株予約権処分差益）］	××円

6 税制非適格ストックオプションが消滅した場合

　新株予約権は、権利行使期間の経過などによって権利行使できなくなった場合、消滅する（会社法287）。以下では、税制非適格ストックオプションが消滅した場合の課税関係について説明する。

(1)　役職員の課税関係

　役職員に付与された税制非適格ストックオプションが消滅した場合、役職員には特に課税関係は生じない。

(2)　発行会社の課税関係

　税制非適格ストックオプションが消滅した場合、会計上、発行会社において新株予約権消滅益（債務消滅益）は生じるものの、税務上は、当該債務消滅益を益金の額に算入する必要はなく（法法54の2③）、前払費用を取り崩すという処理のみで足りる[33]。

【税務仕訳】

借方	金額	貸方	金額
新株予約権	××円	前払費用	××円

33　新株予約権は消滅するごとに2週間以内に変更の登記をする必要がある（会社法911①③）。消滅の都度変更登記を行うことは煩雑であるため、実務上は、消滅事由が生じたことを取得事由とする取得条項付新株予約権としたうえで、無償取得した新株予約権をまとめて消却することとしている事例がしばしば見受けられる。

7 税制非適格ストックオプションの申告処理のまとめ

　これまで説明してきた税制非適格ストックオプションの申告処理について、具体的な数値を用いて以下で説明する。

【前提条件】

・付与時のストックオプションの時価は200

・権利行使価額は10

・付与後に2年目まで株式報酬費用を各事業年度で100ずつ計上

①付与時

【会計処理】

　なし

【税務処理】

借方	金額	貸方	金額
前払費用	200	新株予約権	200

【申告調整】

法人税申告書別表五（一）Ⅰ利益積立金額の計算に関する明細書

区分	期首現在利益積立金額	当期の増減		差引翌期首現在利益積立金額
		減	増	
前払費用			200	200
新株予約権			▲200	▲200

②役務提供時　1年目

【会計処理】

借方	金額	貸方	金額
株式報酬費用	100	新株予約権	100

【税務処理】

　なし

【申告調整】

法人税申告書別表四　所得の金額の計算に関する明細書

区分	総額	処理	
		留保	社外流出
役員給与等の損金不算入（加算）	100	100	

法人税申告書別表五（一）　Ⅰ利益積立金額の計算に関する明細書

区分	期首現在利益積立金額	当期の増減		差引翌期首現在利益積立金額
		減	増	
前払費用	200			200
新株予約権	▲ 200	▲ 100		▲ 100

③役務提供時　2年目

【会計処理】

借方	金額	貸方	金額
株式報酬費用	100	新株予約権	100

【税務処理】

　なし

【申告調整】

法人税申告書別表四　所得の金額の計算に関する明細書

区分	総額	処理	
		留保	社外流出
役員給与等の損金不算入（加算）	100	100	

法人税申告書別表五（一）Ⅰ利益積立金額の計算に関する明細書

区分	期首現在利益積立金額	当期の増減		差引翌期首現在利益積立金額
		減	増	
前払費用	200			200
新株予約権	▲ 100	▲ 100		0

④権利行使時

【会計処理】

借方	金額	貸方	金額
新株予約権	200	資本金等	210
現金	10		

【税務処理】

借方	金額	貸方	金額
新株予約権	200	資本金等	210
現金	10		
役職員報酬	200	前払費用	200

【申告調整】

法人税申告書別表四　所得の金額の計算に関する明細書

区分	総額（減算）	処理	
		留保	社外流出
役員給与等の認容	200	200	

法人税申告書別表五（一）Ⅰ利益積立金額の計算に関する明細書

区分	期首現在 利益積立金額	当期の増減		差引翌期首現在 利益積立金額
		減	増	
前払費用	200	200		0
新株予約権	0			0

⑤消滅時（権利確定後）

【会計処理】

借方	金額	貸方	金額
新株予約権	200	特別利益	200

【税務処理】

借方	金額	貸方	金額
新株予約権	200	前払費用	200

【申告調整】

法人税申告書別表四　所得の金額の計算に関する明細書

区分	総額（減算）	処理	
		留保	社外流出
新株予約権消滅益 の益金不算入	200	200	

法人税申告書別表五（一）Ⅰ利益積立金額の計算に関する明細書

区分	期首現在 利益積立金額	当期の増減		差引翌期首現在 利益積立金額
		減	増	
前払費用	200	200		0
新株予約権	0			0

第 **3** 章

税制適格
ストックオプションの税務

1 税制適格ストックオプションの概要

　税制適格ストックオプションとは、租税特別措置法29条の2第1項の要件を満たしたストックオプションのことをいう[34]。税制非適格ストックオプションは、すでに述べたとおり、行使価額を1円とすることが可能であるため、フルバリュー型であるが、税制適格ストックオプションは、権利行使価額を割当契約の締結のときにおける1株当たりの価額に相当する金額以上に設定する必要があるため、役職員に対するインセンティブの効果に一定の制約がある（ただし、後述のとおり、2023年7月の通達改正により、税制適格ストックオプションをフルバリュー型として利用できる余地が生じている）。また、税制非適格ストックオプションは、発行会社において損金算入できない。しかし、税制非適格ストックオプションと異なり、役職員が権利行使をした時点では課税が生じず、かつ、権利行使により取得した株式（特定株式）を譲渡した時に譲渡所得として優遇税制を利用できるというメリットもある。

　このような税制適格ストックオプションのメリット・デメリットを考慮したうえで、適切なインセンティブとなるように設計する必要がある。

(1) 税制適格要件の内容

　税制適格ストックオプションの主な要件は、次の表のとおりである。

34　本Q&A問6参照。

対象者	・発行会社または当該会社が直接・間接に50％超の株式（議決権のあるものに限る）等を保有する法人の取締役・執行役・使用人またはこれらの相続人（ただし、付与決議日における大口株主や大口株主の特別関係者を除く）（措法29の2①、措令19の3③～⑤） ・中小企業等経営強化法の一定の要件を満たす場合には、一定の社外高度人材も対象
発行態様	金銭の払込み（金銭以外の資産の給付を含む）をさせないで発行された新株予約権（措令19の3①）
割当契約の内容	発行会社と特例適用対象者との間の割当契約において、以下の条件が定められていること 　権利行使期間：付与決議の日後2年を経過した日から付与決議の日後10年（ただし、設立後5年未満の非上場会社は15年）を経過する日までに行うこと（措法29の2①一、措規11の3①） 　権利行使価額：権利行使価額の年間の合計額が1,200万円（ただし、一定の要件を満たす会社の場合には2,400万円または3,600万円）を超えないこと（措法29の2①二） 　　　　　　　　権利行使価額が割当契約の締結のときにおける1株当たりの価額に相当する金額以上であること（措法29の2①三） 　権 利 の 譲 渡：譲渡をしてはならないこと（措法29の2①四） 　株 式 発 行：会社法238条第1項に反しないで行われること（措法29の2①五） 　株 式 の 管 理：権利行使により取得した株式が、取得後直ちに、一定の方法によって金融商品取引業者等の振替口座簿に記載等されること、または一定の要件を満たしたうえ、発行会社で株式を管理すること（措法29の2①六）[35] ※ストックオプションの契約内容を税制非適格から適格に変更した場合であっても、税制適格性は、当初の割当契約によって判断されることから、税制適格ストックオプションとなるわけではないと解されている。[36]
手続き	新株予約権を付与された者が、付与決議日において大口株主およびその特別関係者に該当しなかったことの誓約書を発行会社に提出すること。さらに、権利行使日の属する年の他の新株予約権の行使の有無等その他財務省令に定める事実を記載した書面を発行会社に提出すること（措法29の2②）。

35　非上場の株式の保管の委託等を受け入れる金融商品取引業者は一定数存在するようであるものの、事前に証券会社等への確認を要する。

36　質疑応答事例「ストックオプション契約の内容を税制非適格から税制適格に変更した場合」（https://www.nta.go.jp/law/shitsugi/shotoku/02/28.htm）。

ストックオプション契約の内容を税制非適格から税制適格に変更した場合

A社のストックオプション契約には、1年間の権利行使価額の上限を1,200万円とするなど租税特別措置法第29条の2第1項《特定の取締役等が受ける新株予約権等の行使による株式の取得に係る経済的利益の非課税等》の要件（以下「税制適格要件」といいます。）を満たす契約と、2年間の権利行使価額の上限がない契約（以下「税制非適格ストックオプション契約」といいます。）があり、付与対象者とされた取締役等がいずれかを選択できるようになっています。

取締役Bは、税制非適格ストックオプション契約を締結していましたが、権利行使前にその契約内容を、年間の権利行使価額の上限を1,200万円とするなど税制適格要件を満たすように変更する契約を締結し、その変更後の契約に従った権利行使によりA社株式を取得しました。この場合、租税特別措置法第29条の2の規定は適用されますか。

租税特別措置法第29条の2の規定は適用されませんので、株式の取得による経済的利益を非課税とすることはできません。

租税特別措置法第29条の2第1項は、「特定新株予約権等」をその契約に従って行使することにより、その特定新株予約権等に

係る株式の取得をした場合には、その株式の取得に係る経済的利益については、所得税を課さないこととしています。

　この「特定新株予約権等」とは、付与決議に基づき発行会社と取締役等との間に締結された契約により与えられた新株予約権等で、その新株予約権等に係る契約において租税特別措置法第29条の2第1項各号に掲げる一定の要件が定められているものをいいますので、新株予約権等を与えられた当初の付与契約において、一定の要件を定められていなければならないと解されます。

　したがって、新株予約権等を与えられた当初の付与契約が税制適格要件を満たさないものについては、権利行使前に契約内容を変更して税制適格要件を満たすものにしたとしても、租税特別措置法第29条の2の規定を適用して、株式の取得による経済的利益を非課税とすることはできません。

【関係法令通達】

租税特別措置法第29条の2

(2)　対象者

　上記のとおり税制適格ストックオプションの対象者については、基本的には発行会社およびその子会社・孫会社の「取締役、執行役若しくは使用人」である。実務上、他社に出向している社員やみなし役員として取り扱われる委任型執行役員も含まれるかが問題となることがある。出向社員については、出向元との雇用関係が維持されていることが前提であるため、「使用人」に該当すると考えられる。他方、委任型執行役員の場合、取締役や執行役ではなく、かつ、厳密には委任

契約であるので使用人にも該当しないと考えられる。しかし、税制適格ストックオプションの制度趣旨からして、委任型執行役員を適用対象から除外することは妥当ではない。厳格な文理からはやや疑問があるものの、使用人として適用対象とすべきであろう[37]。

なお、当該被付与者である「取締役、執行役若しくは使用人」が、権利行使時にこれらの地位にあることまでは、税制適格の要件とはならないと考えられている[38]。また、付与対象者がストックオプションを行使できる期間内に死亡した場合において、当該新株予約権に係る付与決議に基づき当該新株予約権を行使できることとなるその者の相続人も対象となり得る（措令19の3⑤。ただし、相続人に相続が開始した場合の二次相続人は含まれていない）。

中小企業等経営強化法上の一定の要件を満たした場合には、一定の社外の専門家等に対しても税制適格ストックオプションを付与することが可能となった。この取扱いは、主として必ずしも現金が豊富ではないスタートアップ企業を念頭においており、キャッシュアウトを伴うことなく高度な専門知識を有する専門家の登用を可能とする点でメリットがある。

具体的な要件については、「認定社外高度人材活用新事業分野開拓計画に従って行われる社外高度人材活用新事業分野開拓に従事する社外高度人材が、当該社外高度人材活用新事業分野開拓を行う認定新規中小企業者等（会社であって資本金の額その他の事項について主務省

---

37 この点について、「例えば、措置法第29条の2第1項《特定の取締役等が受ける新株予約権の行使による株式の取得に係る経済的利益の非課税等》に規定する「取締役等」の関係については、雇用契約又はこれに類する関係に該当することに留意する。」（所基通23〜35共一6(1)イ注）とされており、税制適格ストックオプションの適用対象として委任型執行役員も含めて解しているようにも思われる。

38 平成10年9月4日　日本証券業協会「ストックオプション制度に係る税務上の取扱い（Q&A）」Q11。

令で定める要件に該当するものに限る）から当該計画に従って与えられた新株予約権の行使により当該認定新規中小企業者等の株式を取得した場合における当該株式の取得に係る経済的利益については、租税特別措置法で定めるところにより、課税の特例の適用があるもの」とされている（中小企業等経営強化法13）。

　なお、社外高度人材の要件については、令和6年度税制改正で一部緩和され、新たに、非上場企業の役員経験者等を追加し、国家資格保有者等に求めていた3年以上の実務経験の要件を撤廃するなど、対象が拡大された。計画認定に際して必要な申請書類を簡素化するなど、手続き負担も軽減され、利用しやすくなった。改正の詳細は、次の表のとおりである[39]。

社外高度人材の要件の拡充

- スタートアップが社外人材を円滑に活用できるよう、ストックオプション税制の対象となる<u>社外高度人材の範囲を拡充</u>。新たに、<u>非上場企業の役員経験者</u>等を追加し、<u>国家資格保有者等</u>に求めていた<u>3年以上の実務経験の要件を撤廃</u>するなど、対象を拡大する。

	改正前		改正後	
国家資格 （弁護士・会計士等）	国家資格を保有	3年以上の実務経験	国家資格を保有	削除
博士	博士の学位を保有	3年以上の実務経験	博士の学位を保有	削除
高度専門職	高度専門職の在留資格をもって在留	3年以上の実務経験	高度専門職の在留資格をもって在留	削除
教授・准教授	なし		教授および准教授	
企業の役員経験者	上場企業で	3年以上の役員経験	上場企業または一定の非上場企業で	役員・執行役員等（重要な使用人）の経験が1年以上
先端人材	将来成長発展が期待される分野の先端的な人材育成事業に選定され従事していた者		将来成長発展が期待される分野の先端的な人材育成事業に選定され従事していた者	
エンジニア・営業担当者・資金調達従事者等	過去10年間	製品または役務の開発に2年以上従事 / 一定の売上高要件を満たす	過去10年間	製品または役務の開発に2年以上従事／一定の支出要件を満たす / 製品または役務の販売活動に2年以上従事／一定の売上高要件を満たす / 資金調達活動に2年以上従事／一定の資本金等要件を満たす

39　https://www.meti.go.jp/policy/newbusiness/stockoption.html。

また、税制適格ストックオプションの付与対象者から除外される大口株主とは、付与決議のあった日において、次の区分に応じて次に掲げる数の株式を有していた個人をいう（措令19の3③）。

株式の区分	基準
上場株式	これらの株式を発行した株式会社の発行済株式総数の10%を超える数
非上場株式	その株式を発行した株式会社の発行済株式総数の3分の1を超える数

　この大口株主の判定にあたっては、株主の配偶者その他の特別関係者の保有株式数を含める必要はないと考えられている[40]。もっとも、付与対象者が大口株主の特別関係者に該当する場合には、税制適格要件を満たすことはできない。

　また、税制適格要件を満たし得る子会社の範囲については、後記第2部第1章を参照されたい。

(3)　発行態様

　税制適格ストックオプションの要件として、金銭の払込みをさせないことが必要とされている（発行態様の要件）。

　上記第2章2(1)のとおり、発行会社が役職員に対してストックオプションを発行する際の法律構成として、相殺構成と無償構成の2つがある。

　まず、無償構成の場合には、この要件を充足することに問題はない。しかし、相殺構成の場合、会社法上、債権の現物出資として、払込みがあったことになることから、「金銭の払込みをさせないこと」という要件を充足しないのではないかという点が問題となり得る。この点

40　前掲注19）540頁。

について、税務当局は、質疑応答事例において、相殺構成であっても税制適格要件を充足し得ることを明らかにしている[41]。無償構成と相殺構成とで経済実質は同じであることからすると、この取扱いは妥当であると思われる。

質疑応答事例

　金銭の払込みに代えて報酬債権をもって相殺するストックオプションの税制適格の要否

【照会要旨】

　当社では、取締役に対する役務提供の対価として、新株予約権に係る金銭の払込みに代えて、報酬債権をもって相殺する方法により新株予約権を発行する予定です。

　ところで、金銭の払込みに代えて報酬債権と相殺することとされている新株予約権の発行は、会社法上、有償発行の一形態と整理されているようですが、このような発行形態によるものは税制適格ストックオプションの対象とならないのでしょうか。

　なお、この新株予約権の付与契約には、租税特別措置法第29条の2第1項各号《特定の取締役等が受ける新株予約権等の行使による株式の取得に係る経済的利益の非課税等》に掲げる要件を定めることとしています。

【回答要旨】

　報酬債権との相殺により発行する新株予約権であっても、一定

41　質疑応答事例「金銭の払込みに代えて報酬債権をもって相殺するストックオプションの税制適格の要否」（https://www.nta.go.jp/law/shitsugi/gensen/03/39.htm）。

の要件を満たす場合には、税制適格ストックオプションの対象となります。

　会社法の規定に基づき発行される新株予約権で税制適格ストックオプションの対象となるものは、「金銭の払込み（金銭以外の資産の給付を含む。）をさせないで発行された新株予約権」に限られています（租税特別措置法施行令第19条の３第１項）。
　新株予約権の発行形態には、無償発行（金銭の払込みを要しないもの）と有償発行があり、有償発行は、１金銭の払込みが行われるもの、２金銭の払込みに代えて金銭以外の財産を給付するものと３会社に対する債権をもって相殺するものに区分されます（会社法第238条、第246条）。
　照会の新株予約権のように債権と相殺することとされているものは、金銭の払込みをさせるもの又は金銭以外の財産を給付させるものには当たりませんので、無償発行の場合と同様に、その付与契約に一定の要件を定めるなど税制適格要件を満たす場合には、税制適格ストックオプションの対象となります。

【関係法令通達】
　租税特別措置法第29条の２、租税特別措置法施行令第19条の３第１項、会社法第238条、第246条

　また、付与時に税制適格ストックオプションとして設計したストックオプションについて、当初の付与対象者が行使可能条件を満たさなくなった（自己都合による退職等）場合など、発行会社が当該ストックオプションを無償取得した場合に、発行会社が別の役職員に対して

当該ストックオプションを税制適格ストックオプションとして付与できるかという問題がある（ストックオプションの付与自体は、新たに新株予約権を発行するのでも自己新株予約権を交付するのでも可能である）。

しかしながら、租税特別措置法上は、税制適格ストックオプションの要件として新株予約権が会社法238条2項の決議（会社法239条1項の決議による委任に基づく募集事項の決定および会社法240条1項の規定による取締役会の決議を含む。以下同じ）に基づいて付与されることが必要であるところ（措法29の2①柱書）、会社法上、自己新株予約権の付与はあくまで新株予約権の譲渡として規律されており、その付与にあたっては会社法238条2項の決議は行われない（逆に、募集新株予約権の発行は、新たに発行される新株予約権に限られている）。したがって、自己新株予約権を交付する場合には会社法238条2項の決議に基づいて付与されるという要件を満たさず、税制適格ストックオプションには該当しないという帰結になるように思われる。

(4)　割当契約の内容

①　権利行使期間

ストックオプションを付与する際に発行会社と付与対象となる役職員との間で締結される割当契約の内容として、付与決議の日後2年を経過した日から付与決議の日[42]後10年（ただし、設立後5年未満の非上場会社は15年）を経過する日までに行うことを定める必要がある（措法29の2①一、措規11の3①②）。この権利行使期間については、宥恕規定が存在せず、やむを得ない事由があったとしても（入院等の事情により2年以内にストックオプションを行使したうえで現金

化したい場合など）、付与決議日から２年以内にストックオプション
を行使した場合、税制適格要件を満たさないことになる。

　また、一定の事由が生じた場合には権利行使期間内の一定の期間に
限り権利行使ができる旨の条件を付した場合（例えば、発行会社が対
象会社となるＭ＆Ａが行われる際に、一定の期間に限り権利行使がで
きる旨を定める場合）、権利行使期間の要件を満たすかという文書照
会に対し、税務当局は、権利行使期間の要件を満たすものと回答して
いる[43]。

　なお、権利行使期間を選択制として、付与対象者が税制適格か税制
非適格かを選ぶことができる内容となっている割当契約については、
税制適格要件を満たさないと解されている[44]。

42　本Ｑ＆Ａによれば、権利行使期間の基準となる「付与決議の日」とは、ストックオプション
　　の割当てに関する決議の日をいうところ、本Ｑ＆Ａの令和６年11月改訂では、「割当てに
　　関する決議」は、以下を指すものとされる（本Ｑ＆Ａ問６）。

> ✓　募集新株予約権の割当てを受ける者・数を定める決議（会社法243条２項）、又はそ
> 　　の後に募集事項の決定の決議（同法238条２項）が行われる場合には当該募集事項の
> 　　決定の決議
> ✓　総数引受契約を締結する場合には、実質的に対象者に新株予約権が与えられることと
> 　　なる募集事項の決定の決議（同法238条２項）、又はその後に総数引受契約の承認の
> 　　決議（同法244条３項）が行われる場合には当該総数引受契約の承認の決議

43　文書照会「税制適格ストックオプションについて、一定の事由が生じた場合には権利行使期
　　間内の一定の期間に限り権利行使ができる旨の条件を付した場合の税務上の取扱いについ
　　て」
　　（https://www.nta.go.jp/about/organization/tokyo/bunshokaito/shotoku/181018-2/01.
　　htm）。
44　前掲注19）543頁。

コラム　ベスティング①：概要

1．ベスティングとは

　権利行使期間内に、すべてのストックオプションを行使できるのではなく、行使できる数に一定の制約を課す例の1つとして、「ベスティング（vesting）」の仕組みがある。ベスティングは、一定期間が経過していくごとに、権利行使可能なストックオプション（新株予約権）の個数が増加していく仕組みである。被付与者である役職員が退職すること等の一定の事由の発生により、ベスティングは停止し、権利行使可能なストックオプションの数はそれ以上増加しなくなる。このような仕組みは、役職員が継続的に発行会社において勤務をする中長期的なインセンティブとしてストックオプションを機能させるようにするために設けられる。

　ベスティングにおいて、権利行使可能な個数が確定していく期間および対応する個数は、本文で述べた税制適格要件における権利行使期間とは別途、各社がそのポリシーに従って、割当契約や発行要項において定めることになる。

　すなわち、ベスティングは、税制適格要件としての権利行使期間（付与決議の日後2年を経過した日から付与決議の日後10年（ただし、設立後5年未満の非上場会社は15年））とあわせ、二重の制約を課すことになる。ベスティングが始まっていても、税制適格要件を満たす権利行使期間が始まっていなければ行使できないようにする必要があるし、逆に、例えば付与決議の日後2年経過してもすべてのストックオプションを行使できるようにする必要はない。本文記載の文書照会事例を踏まえれば、このような

制限を課していても、税制適格ストックオプションにおける権利行使期間の要件に反しないと考えられ、実務上もベスティングを設けることが広く行われている。

　なお、税制非適格ストックオプションや有償ストックオプションでは税制適格要件を考慮する必要はなくなるが、継続勤務をするインセンティブ確保のために、割当契約や発行要項においてベスティング期間を定めることがある。

２．具体的な設計

　具体的な期間や個数として、会社のポリシー次第で、バリエーションが考えられる。多くの場合は、行使できる権利が段階的に確定していく「クリフ」が設けられる。

✓　いわゆる「クリフ」の例
　⇒「１年継続勤務をするごとに25％、４年間にわたって権利確定」
　⇒「１年の継続勤務により40％、２年経過で30％、３年経過で20％、４年経過で10％の権利確定」
✓　権利行使期間の始期が到来すると、100％行使できる

　そのうえで、インセンティブ設計の観点から、ベスティング期間中にM＆Aが発生したり、一定の業績要件などを満たしたりした場合に、ベスティングが完了したものとみなす早期確定条項（アクセラレーション条項）を設けることがある。この場合、役職員は、M＆Aが実行される際等に、ストックオプションのベスティング未了の分についても権利行使可能になる。詳細については、M＆A時の取扱いに関する第２部第３章のコラムで述べる。

②　権利行使価額の設定

　税制適格ストックオプションとしての取扱いを受けるためには、「当該新株予約権……の行使に係る1株当たりの権利行使価額は、当該新株予約権……に係る契約（筆者注：割当契約）を締結した株式会社の株式の当該契約の締結の時[45]における1株当たりの価額に相当する金額以上」でなければならない（措法29の2①三）。そのため、発行会社が非上場会社である場合における「新株予約権に係る契約を締結した株式会社の株式の当該契約の締結の時における1株当たりの価額」をどのように算出すべきかが問題となっていた[46]。こうしたなか、2023年7月に租税特別措置法関係通達29の2-1が新設され、「1株当たりの価額」は、所得税基本通達23～35共-9の例により算定することが原則である（原則方式）ものの、一定の条件によっているときは、財基通の例によって算定した価額が時価として認められる（特例方式）ことが明確化された。また、通達改正と同時に、本Q&Aが公表されたことにより、スタートアップ企業におけるインセンティブプランの実務に影響を与えている。

　従前の実務では、税制適格ストックオプションの1株当たりの価額を、直前に実行した資金調達における1株当たりの価額としたり、企業価値算定機関に依頼したバリュエーションによる価額としたりすることが多かったと思われる。これに対して、財基通による株式評価は、計算書類や税務申告書をもとに比較的容易に行うことができ（これにより、バリュエーションに係るコストを節約することもできる）、かつ、

45　「契約の締結の時」について、ストックオプションの付与に係る契約の締結の日が、ストックオプションの付与決議の日やストックオプションの募集事項の決定の決議の日から6ヵ月を経過していない場合には、これらの決議の日として差し支えないと取り扱われている（本Q&A問6）。

46　なお、当該価額を超える価額を権利行使価額と設定することも可能である。

バリュエーションによる株価に比して低く評価される傾向がある。そして、財基通に基づき算定した株価を権利行使価額として設定している限りにおいて、税務当局が原則として是認するという意味で、租税特別措置法関係通達29の2－1は「セーフハーバー」としての機能を有することになる。

租税特別措置法関係通達29の2－1

　措置法第29条の2第1項第3号の「1株当たりの価額」は、所得税基本通達23〜35共－9の例により算定するのであるが、新株予約権を発行する株式会社（以下「発行会社」という。）が、取引相場のない株式の「1株当たりの価額」につき、昭和39年4月25日付直資56・直審（資）17「財産評価基本通達」（法令解釈通達）（以下「財産評価基本通達」という。）の178から189－7までの例によって算定した価額としているときは、次によることを条件として、これを認める。

(1)　「1株当たりの価額」につき財産評価基本通達179の例により算定する場合（同通達189－3の(1)において同通達179に準じて算定する場合を含む。）において、新株予約権を与えられる者が発行会社にとって同通達188の(2)に定める「中心的な同族株主」に該当するときは、発行会社は常に同通達178に定める「小会社」に該当するものとしてその例によること。

(2)　発行会社が土地（土地の上に存する権利を含む。）又は金融商品取引所に上場されている有価証券を有しているときは、財産評価基本通達185に定める「1株当たりの純資産価額（相続税評価額によって計算した金額)」の計算に当たり、これらの資産については、新株予約権に係る契約時における価額による

こと。

(3)　財産評価基本通達185の本文に定める「1株当たりの純資産価額（相続税評価額によって計算した金額）」の計算に当たり、同通達186－2により計算した評価差額に対する法人税額等に相当する金額は控除しないこと。

(注)　発行会社が、会社法第108条第1項に掲げる事項について内容の異なる種類の株式を発行している場合には、その内容を勘案して「1株当たりの価額」を算定することに留意する。

原則方式と特例方式の選択可否についてまとめると下表のとおりである[47]。

区分			株式の価額	
			原則方式	特例方式
株式	取引相場のある株式	上場株式	取引相場価額	選択不可
		気配相場等のある株式	気配相場価額 公募等の価額	
	取引相場のない株式	売買実例のある株式	売買実例価額	選択可
		売買実例のない株式	類似会社の株式の価額	
			純資産価額等を参酌して算定した価額	

特例方式の特徴的な点は、売買実例がある場合や、類似会社比準で適正に評価できる場合であっても、財基通による評価が認められることである。これは、原則方式では、所得税基本通達23～35共－9(4)イおよびハにおいて、財基通による評価に優先して売買実例価額と類似会社比準価額によって評価することが定められているところ、特例

47　本Q&A問7参照。

方式に係る規定である租税特別措置法関係通達29の2－1にはこれらの定めが置かれていないためである。さらに、（税制非適格ストックオプションの権利行使益を計算する際の株価算定に用いることができる）所得税基本通達23〜35共－9(4)ニは、「著しく不適当と認められるときを除き」という要件が課されているが、他方で、（税制適格ストックオプションとの関係で株価算定に用いることができる）特例方式では、セーフハーバーという趣旨から、この要件が課されていない点も特徴的である。

　特例方式における財基通による非上場株式の評価は、原則的評価方式である「類似業種比準価額方式」と「純資産価額方式」、特例的評価方式である「配当還元方式」のいずれかの方式によって行われることになる。財基通による非上場株式の評価は、まず株式の取得者を支配株主（同族株主）と少数株主に分類したうえで、支配株主については類似業種比準価額方式または純資産価額方式を、少数株主については配当還元方式[48]を用いることとされている（財基通188、188－2）。

(i)　配当還元方式による株式評価

　一般に、ストックオプションの付与を受ける役職員は少数株主に該当するため、多くの場合で配当還元方式により評価することができると考えられる。配当還元方式は、類似業種比準価額方式や純資産価額方式と比較して株価が大きく下がる傾向にあり、その点において、役職員はメリットを享受することができる。

48　ただし、原則的評価方式が特例的評価方式よりも低く評価される場合には、原則的評価方式を選択することができる。

$$\text{配当還元価額} = \frac{\text{その株式に係る年配当金額}^{※}}{10\%} \times \frac{\text{その株式の1株当たりの資本金等の額}}{50円}$$

※　1株当たりの資本金等の額を50円とした場合の配当金額。配当金額が2円50銭未満の場合は2円50銭として計算する。

　配当還元方式の計算方法は以上のとおりであるが、少数株主は会社に対する支配権を有しておらず、もっぱらその経済的価値は会社から支払われる配当に依存するため、過去に支払われた配当額を評価の基準要素としている。

　配当還元方式における留意点は、仮にスタートアップ企業等の非上場会社が無配であったとしても（実際に非上場会社の多くは無配であると考えられる）、1株当たり2円50銭の配当を支払ったと仮定して株価を算定する必要があるという点である。すなわち、無配であったとしても、配当還元方式による株価が0円になることはない（株式の1株当たりの資本金等の額の2分の1が株価となる）。これは、下記の純資産価額方式による株式評価と異なる特徴である。

(ii)　純資産価額方式による株式評価

　一方、純資産価額方式は、会社の資産および負債の相続税評価額を算定したうえで、資産の価額から負債の価額を差し引いた純資産額を発行済株式数で除して1株当たりの純資産価額を算定する評価方式である。この株式評価の基準時は、割当契約時によることが原則であるが、以下に掲げる場合を除き、直前期末の決算に基づくことができることとされている[49]。ただし、その場合であっても、発行済株式数については直前期末の株式数を用いることはできず、ストックオプショ

49　本Q&A問8参照。

ンの割当契約時の株式数を用いなければならないとされている。

> ・ストックオプションの割当契約日が直前期末から6月を経過し、かつ、その日の純資産価額が直前期末の純資産価額の2倍に相当する額を超えている場合
> ・直前期末からストックオプションの割当契約日までの間に、株式を発行している場合
> ※なお、2点目に該当する場合には、直前期末の純資産価額に、株式の発行の際に払込みを受けた金額を資産の額に加算して、純資産価額を算定することができる。

　実務上、租税特別措置法関係通達29の2－1の新設が最も影響を与えるのは、普通株式に係る純資産価額の算定にあたり、優先株式に分配される純資産価額を控除することができるとされた点である（同通達(3)(注)）。

　前提として「優先株式」は、会社法などの法令用語ではない。配当や残余財産の分配等において一定の優先的権利を内容とする会社法上の種類株式を、実務上「優先株式」と呼ぶ。そのうえで、スタートアップ企業においては、投資家から資金調達を受ける代わりに、普通株式に優先して一定額の残余財産分配を受けられる優先株式（例：「A種優先株式」「B種優先株式」）を投資家に対して発行する（コラム参照）。

コラム　優先残余財産分配・みなし清算①―概要

1．優先残余財産分配

　スタートアップ企業の発行する優先株式の投資実務では、M＆A時のリターンの分配についてのルールを規律する「優先残余財産分配権」あるいは「みなし清算（条項）」と呼ばれるルールが最も重要な内容とされる。

　「優先残余財産分配権」は、会社法上の残余財産の分配に関し、種類株式の内容として定めることが認められている（会社法108①二）。優先残余財産分配権は、会社が解散し、清算する場合における残余財産の分配に際して、優先株主が、普通株主に先立って、優先的に一定の金額の分配を受けることができる権利である。

　この、優先して分配される「一定」の金額は、一般には、少なくとも優先株主の投資金額と同額とされ、さらに投資家の立場が強い場合には払込金額の2倍や3倍といった優先額が定められることもある。逆に、スタートアップ企業と投資家の交渉の結果、優先分配額に一定の上限（キャップ・Cap）が設けられることもある。

2．M＆A時のアップサイドのための「みなし清算」

　もっとも、狭義の「優先残余財産分配権」自体は、法人であるスタートアップ企業が解散した場合に、清算手続きのなかで、投資家が出資した金額分など一定のリターンが最低限保障されるようにするものに過ぎない。スタートアップ企業が解散・清算に至る場合の多くは事業を終了する場合であり、通常は十分な残余財

産が残っている見込みが低いため、優先残余財産分配権それ自体は、主にダウンサイドにおける最低限のプロテクションとして機能するにとどまる。清算時のスタートアップの株主価値がゼロに近ければ、優先的な権利を有していても実際にはリターンはない。そのため、優先残余財産分配権それ自体は、投資家がアップサイドをとれるような重要な権利とまではいえない。

　他方、優先残余財産分配権が、優先株式の内容のなかでも最も重要な条項と考えられているのは、会社の解散に伴う「清算」の場合だけでなく、定款や契約で、スタートアップがM＆A・組織再編によって第三者に買収される場合にも拡張して、買収で得られた対価を、清算時と同じような分配の順番を定めるという実務による。M＆Aなどを清算とみなすので、一般に「みなし清算（deemed liquidation）」条項と呼ばれる。支配権が買収者に移ることによってある種の区切りがつき、株式の流動化イベントという意味で清算と経済的に同視できるM＆A・組織再編も、清算と「みなし」て、M＆Aの対価を既存株主に割り当てる際に、優先残余財産分配額に相当する額の対価が、普通株主に優先して、優先株主に対して優先的に割り当てられることを定める。海外では一般的な実務であり、現在では日本でも通常のプラクティスになっている。

　そのうえで、スタートアップ企業のなかには、設備投資や人件費等の運転資金の支出による赤字が相当期間継続し、資金調達したキャッシュが社外流出しているような会社も少なくない。この場合、税務上の純資産額は投資家から受けた累計資金調達額よりも低くなることもあり得る。そのようなケースにおいて、優先株式に係る残余財産の優

先分配が1倍優先以上である場合には、会社全体の純資産価額から優先株式分配額を控除した残額はマイナスになり、結果として、参加型・非参加型の別を問わず（区別について、以下のコラム参照）、普通株式に係る純資産額はマイナスになる。会社法上、非上場会社における新株予約権の権利行使価額は1円以上に定める必要があるため[50]、普通株式に係る純資産価額がマイナスになる場合は、備忘価額として1円以上の任意の価額を権利行使価額として設定することになる。

　なお、優先株式に係る優先分配の内容が非参加型であるときは、発行済普通株式数のみを発行済株式数として1株当たりの純資産価額を算定することになる。

　優先株式を発行している場合の純資産価額の評価を図示すると以下のとおりである。

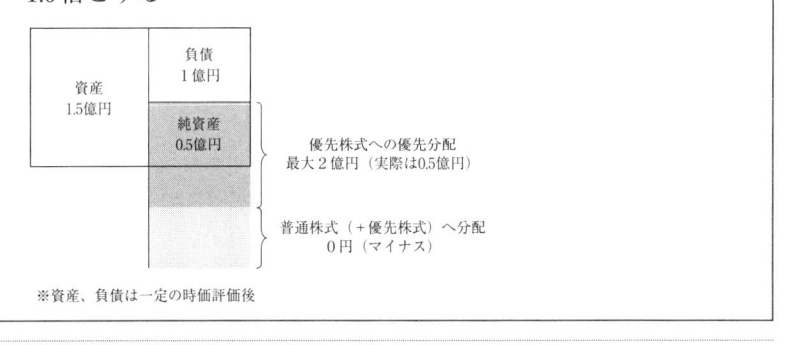

【前提】
・資産の相続税評価額1.5億円、負債の相続税評価額1億円
・優先株式に係る出資金額は2億円
・優先株式の内容は、参加型、残余財産の優先分配は出資金額の1.0倍とする

負債
1億円

資産
1.5億円

純資産
0.5億円

優先株式への優先分配
最大2億円（実際は0.5億円）

普通株式（＋優先株式）へ分配
0円（マイナス）

※資産、負債は一定の時価評価後

50　上場会社の場合には、取締役に対してストックオプションを発行するとき、権利行使価額を0円とすることが認められている点については、前掲注12）参照。

なお、ＶＣ（ベンチャーキャピタル）等の投資家に発行した優先株式は、通常、ＩＰＯのタイミングなどで普通株式に転換することが予定されているが、普通株式に係る純資産価額を計算するにあたっては、転換に関する条項を加味することなく、割当契約時に優先株式として発行されているものについては、当該優先株式に係る優先分配額を純資産価額から控除することとなる。

　また、スタートアップ企業が資金調達で利用しているいわゆるJ-KISS型新株予約権[51]などの残余財産の優先分配を受けることができる新株予約権についても、純資産価額の計算にあたり、優先株式として取り扱うことができることとされている。

　以上のとおり、この通達改正により、種類株式を発行している非上場会社（通常はスタートアップ企業）は、権利行使価額を低い価額とする税制適格ストックオプションを発行することができるようになり、税制適格ストックオプションの利便性が高まった。

51　J-KISS型新株予約権の内容については、小山浩＝間所光洋＝立石光宏＝高橋悠『非上場株式取引の法務・税務〔スタートアップの資金調達　編〕』104頁以下参照。（税務経理協会、2023年）

コラム　優先残余財産分配・みなし清算②—参加型・非参加型

優先残余財産分配（みなし清算）における優先分配の順番として、M＆Aの対価のうち、①優先株式に優先分配を行った後の、②残存部分をどう分配するかについて、以下の２つの定め方があり得る。

> (a)　参加型：　普通株主と優先株主が、持株比率に応じて（プロラタ）、同順位で分配を受ける
>
> (b)　非参加型：優先株主には分配されず、普通株主にのみ分配する

M＆Aにおける買収対価の総額が、優先株式への優先分配額の総額以下となる場合、①で優先分配額の一部を投資家に分配して終わるため、参加型か非参加型かで分配額に違いは生じない。この場合、普通株式を保有する創業者に対して分配が行われないので、創業者としては、積極的に小規模M＆Aを主導するインセンティブも生じない。

これに対して、買収対価の総額が①優先株式への優先分配額の総額を超える場合には、参加型か非参加型のいずれかで、優先株主への分配総額が異なる。

まず、(a)参加型の場合、優先株主は①優先分配を受けた後、②残存対価も、普通株式と同順位で、持株比率に応じて（プロラタ）、自動的に分配を受ける。

他方、(b)非参加型の場合、①優先分配を全額受け取った後は、②優先株主は追加の分配を受けることができない。むしろ、買収

対価が高額なM&Aの際には、優先株式の内容として定款に通常定められる「転換請求権」（優先株式を普通株式に転換する権利）を行使して普通株式に転換し、普通株主として比例的に残余財産の分配を受ける方が、アップサイドをとることができる場面もあり得る。

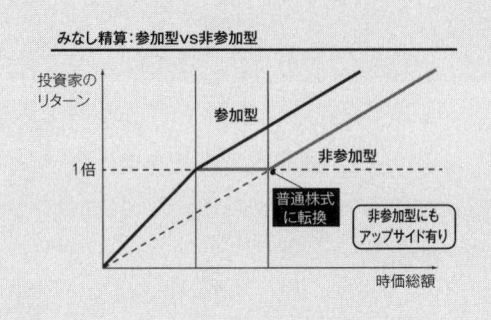

(iii) 通達改正後における権利行使価額の変更

　税制適格ストックオプションの各要件は、新株予約権に係る割当契約により与えられた新株予約権を当該契約に従って行使することが前提とされているため、当該契約の内容を事後的に変更した場合は、原則として、税制適格ストックオプションの要件を充足しないこととなる。

　ただし、本Q&Aにおいて、当初の割当契約等が税制適格ストックオプションの各要件を満たしている場合において、租税特別措置法関係通達29の2－1に定める要件を満たす形で権利行使価額を引き下げる契約変更を行ったときは、例外的に税制適格ストックオプションとして認められることが示された[52]。

　しかし、権利行使価額を引き下げる場合には、新株予約権の内容の

52　本Q&A問10。

変更を伴うことが通常であると考えられるところ、新株予約権の発行後、その内容を変更するためには、以下の要件を満たす必要があると解されている[53]。

> ①　新株予約権の発行決議をした機関において、当該新株予約権の内容を変更する旨の決議をすること
> ②　取締役会により内容変更の決議をした場合において、株主以外の者に対し特に有利な条件となるときは、さらに株主総会の特別決議を得ること
> ③　原則として、新株予約権者全員の同意があること

そのため、新株予約権を取締役会の決議で発行していたとしても、権利行使価額を引き下げる場合には、新株予約権者が同じ数の株式を取得するために払い込む金額は低額になり、株主としては持分の希釈化の程度が高まるため、株主以外の者（新株予約権者）に対し特に有利な条件となるときに該当し、株主総会の特別決議が必要とされる可能性も考えられ、さらに、原則として、新株予約権者全員の同意も必要となるため、ハードルは高い。

上記のほか、従来から税制適格要件を満たしている割当契約について、引き続き税制適格要件を満たした形で内容変更をすることが、通達改正に伴う権利行使価額の引下げや、法改正に伴う年間の権利行使価額の上限や株式管理要件以外にも認められるかが問題となる。

この点、本Q＆Aの令和6年11月改訂により、以下の変更であれば、契約の変更後も、その権利行使は当初の契約に従って行われるものと同様と認められるため、税制適格ストックオプションとして取り扱っ

53　松井信憲『商業登記ハンドブック』355〜356頁（商事法務、第5版、2025年）。

て差し支えないことが明らかにされた。

> ✓ 税制適格ストックオプションに係る要件と何ら関係のない事項に関する契約の変更（例：上場前の権利行使を不可としていたものを可能とする変更）
> ✓ 変更後の契約に従って権利を行使したとしても当初の契約に反した権利の行使とならない場合における契約の変更（例：権利行使期間を、当初契約の範囲内の別の期間とする変更）

　この記載から、契約上の権利行使期間の延長は認められないと考えられる。また、新株予約権に係る登記事項の内容の変更は、税制適格ストックオプションの適用に当たり、考慮されるものではないことが明らかにされた。すなわち、あくまで割当契約により判断されることになると考えられる。

コラム　通達改正と税制適格ストックオプションの会計処理

　本文記載のとおり、税制適格ストックオプションの権利行使価額を、財基通の定めに基づいて評価することは、役職員にとって大きなインセンティブになる一方で、実際に財基通の定めに基づく権利行使価額でストックオプションを発行することができるかどうかは、税務上の取扱いに加えて、会計上の処理についてもあわせて検討する必要がある。

　非上場会社がストックオプションを役職員に付与した場合の会計処理は、ストックオプションの単位当たりの本源的価値の見積りに基づいて行うことができるとされている[54]。

　ここでいう「単位当たりの本源的価値」とは、算定時点におけるストックオプションの原資産である自社株式の会計上の株価と権利行使価額との差額をいう。この本源的価値がプラスとなる場合は、会計上株式報酬費用を計上する必要がある。従前の実務では、権利行使価額を会計上の株価以上で設定することが多かったため、ほとんどの場合で本源的価値はゼロとなり、株式報酬費用を計上することはなかったものと思われる。

　今回の通達改正によって、税務上の株価（配当還元価額や純資産価額）を権利行使価額として設定することでストックオプションには本源的価値があると認められて、株式報酬費用の計上を求められることが想定されている。この点、通達改正案が公表されたことを受けて、日本公認会計士協会は、従前の会計処理に変更はなく、本源的価値が認識される場合に、株式報酬費用を計上す

---

[54]　企業会計基準第8号「ストック・オプション等に関する会計基準」。

る必要があることを公表している 。

　株式報酬費用の計上有無がインセンティブプランの方針に与える影響はスタートアップ企業ごとに区々であると考えられるが、税制適格ストックオプションの付与にあたっては、法務・税務以外の考慮要素として、会計処理についても慎重な検討が求められる。

③　権利行使価額の上限

　税制適格ストックオプションに係る割当契約において、年間の権利行使価額が1,200万円を超えてはならないとする旨を定める必要がある（措法29の2①二）。この点につき、役職員と発行会社との間で、割当契約の締結後、1,200万円を超える権利行使を許容することにした場合（割当契約から1,200万円の上限を削除するなど）、変更後の権利行使分から税制非適格となり、遡及して課税されることにはならないと解されている[55]。

　この権利行使価額の上限を1,200万円とする要件に関して、令和6年度税制改正により、以下のように、権利行使価額の上限が引き上げられた（措法29の2①ただし書、措規11の3）。もっとも、厳密には、1,200万円の年間の行使上限額は変更されていないものの、ストックオプションが付与された際の会社の設立からの年数ごとに、年間の行使上限額1,200万円を算定する際に、ストックオプションの権利行使価額に2分の1または3分の1を乗じて合計して計算される。

55　前掲注19）546頁。

権利行使価額の上限[56]

発行会社		権利行使価額の上限
設立年数5年未満		2,400万円
設立年数5年以上20年未満	非上場会社	3,600万円
	上場後5年未満	3,600万円
	上場後5年以上	1,200万円
設立年数20年以上		1,200万円

　また、実際の権利行使価額の年間の合計額が1,200万円を超えるときは、その超えることとなる権利行使に係る部分について、税制適格ストックオプションの要件を満たさないこととなる（措法29の2①ただし書）。

　例えば、ある新株予約権者が、A社が発行した税制適格ストックオプションAと、B社が発行した税制適格ストックオプションBを保有している場合において、ある年にストックオプションAを権利行使（権利行使価額800万円）したあとに、ストックオプションBを権利行使（権利行使価額500万円）したときは、ストックオプションAについては税制適格となる一方で、ストックオプションBについては、年間の権利行使価額が1,200万円を超えることとなる権利行使となるため、税制適格要件を満たさないことになり、ストックオプションBの権利行使時の権利行使益すべてが課税対象となる。

　こうした権利行使価額の上限によって、1年間で行使できるストックオプションの数に上限が設定されることになる[57]。さらに、ストックオプションを発行する際に、権利行使期間内のいずれの年においても1,200万円を超えることがないように規定されていることが必要である旨の見解[58]もある。税制適格ストックオプションの行使期間につ

56　税務通信3812号7頁記載の図表を参考に作成した。
57　前掲注19) 549頁。
58　前掲注19) 549頁。

いては上記のとおり付与決議日から2年以内には行使できず、10年（設立後5年未満の非上場会社は15年）以内に行使する必要があるため、最長8年間（延べ年数で9年）という限定がある。したがって、権利行使価額の総額を1,200万円×8年（延べ9年）＝9,600万円（1億800万円）以内とせざるを得ない。

　以上のとおり、企業が成長するにつれ、役職員1名当たりに税制適格ストックオプションとして付与できるストックオプションの上限となる数が減少し、十分なインセンティブ効果を発揮させることができなくなる可能性がある。

④　譲渡制限

　税制適格ストックオプションの要件として、割当契約において、譲渡をしてはならない旨を定める必要がある。なお、会社法上、通常は、譲渡による当該新株予約権の取得について発行会社の承認を要する旨の定め（譲渡制限）があることが多く（会社法243②二かっこ書）、本書でもそのような定めがあることを前提としている。税制適格ストックオプションそのものを発行会社以外の第三者に譲渡するためには、発行会社の承認により、この譲渡制限を解除する必要がある[59]。税制適格ストックオプションを譲渡する際の課税関係については、下記5を参照されたい。

59　株式会社が、譲渡制限の付された新株予約権の譲渡の承認をするか否かの決定をするには、株主総会（取締役会設置会社にあっては、取締役会）の決議によらなければならない。ただし、新株予約権の内容として別段の定めがある場合は、この限りでない（会社法265①）。

コラム　税制適格ストックオプションとドラッグアロング条項

　税制適格ストックオプションを発行する場合、割当契約におい
て、いわゆるドラッグアロング条項を設ける場合がある。ドラッ
グアロング条項とは、一般的に、一定の条件を満たす場合におい
て、ある株主が第三者に株式を譲渡する場合に、他の株主の株式
もあわせて当該第三者に売却するよう他の株主に請求することが
できる旨を定めた条項をいう。これは、株主が第三者に対して保
有する株式を売却して投資を回収しようとする場合、買主である
第三者が過半数、絶対多数あるいは全株式の譲渡を要請すること
があるために設けられる条項のことを指す。ストックオプション
についても、権利行使による希薄化を考慮し、買主がストックオ
プションの買取りをも希望することがあり得るため、割当契約に
おいて、ドラッグアロング条項が設けられることがある。

　割当契約において、譲渡をしてはならない旨を定めたとしても、
ドラッグアロング条項が設けられている場合、一定の条件を満た
すと、ストックオプションが譲渡されることになるため、税制適
格要件を満たさないのではないかとの疑義も生じる。

　この点については、ドラッグアロング条項は将来一定の条件を
満たした場合の規定であって、譲渡制限がないと評価することは
できないため、税制適格要件と抵触するものではないように思わ
れる。しかし、この点の疑義を避けるため、ストックオプション
そのものを譲渡することを請求する規定を設けるのではなく、「ス
トックオプションの権利行使期間が到来しており、権利行使が可
能なときにはストックオプションを行使して株式を取得したう
え、当該株式を第三者に売却する」、または「権利行使期間が未

> 到来であり、権利行使が不可能なときには、当該ストックオプションを放棄する」といった規定を設けることも検討に値する。

⑤ 会社法に従った手続き

会社法に従った手続きにより、ストックオプションを付与することが要件とされている（会社法に従った手続きについては、後記第5章参照）。なお、同じ株主総会の決議で、税制非適格と税制適格のストックオプションを発行することができるかという点が問題となるが、個々の割当契約の内容によって判断されることになるため、可能であると考えられる[60]。

⑥ 株式の保管委託または発行会社による管理

(i) 株式の保管委託

税制適格ストックオプションの要件として、権利行使により取得した株式が、取得後直ちに、一定の方法によって金融商品取引業者等の振替口座簿に記載等されることを、割当契約において定めておくことが必要とされている。もっとも、金融商品取引業者等との取決め自体は、ストックオプションの権利行使前まででよく、割当契約時点において、締結しなければならないものではない。

発行会社の株式が上場に至った時は上記割当契約中の定めに従った取扱いを受けることは可能であるが、非上場のままで（例えば発行会社のM＆Aに際して）税制適格ストックオプションを行使すると、上記割当契約中の定めに従った取扱いを受けることは（不可能ではないものの）必ずしも容易ではなく、仮に金融商品取引業者等の振替口座簿に記載等されることがなければ、その行使に際して税制適格ストッ

60　前掲注19）542頁。

クオプションとして税務上有利な取扱いは受けられなくなる。そのた
め、税制適格ストックオプションを付与された役職員は、理論的には、
Ｍ＆Ａではなく株式上場を志向するよう動機付けられることになる。
しかし、このような仕組みの合理性については検討の余地があるもの
と思われる。

　なお、非上場会社が株券発行会社である場合、役職員からストック
オプションの権利行使を受けた際、株券を発行し、その株券を金融商
品取引業者等に直接引き渡す場合は、保管委託要件を満たすことにな
るとされている。その一方で、本Ｑ＆Ａでは、「発行会社が未上場か
つ株券不発行会社である場合には、契約等に基づき、発行会社から金
融商品取引業者等に対して株式の異動情報が提供され、かつ、発行会
社においてその株式の異動を確実に把握できる措置が講じられている
場合には、「金融商品取引業者等の振替口座簿に記載若しくは記録を
受けること」に相当するものであることから、株券の発行及び株券の
金融商品取引業者等への引渡しをせずとも、保管委託要件を満たすこ
ととな」ることが明らかにされた[61]。ここにいう「株式の異動を確実
に把握できる措置」とは、例えば、税制適格ストックオプションの付
与に関する契約で、税制適格ストックオプションの行使の際に、発行
会社が指定した金融商品取引業者等への売り委託または譲渡以外の方
法で株式を譲渡した場合に、発行会社はその株式を没収するとともに
権利者に対して違約金の支払を求めることができる事項を設けること
が考えられるとされている。

　契約に違反して譲渡した者に対する違約金をどのように設定するか
という点については、例えば、以下のような定めが考えられる。

61　本Ｑ＆Ａ問11参照。

$$\text{違約金} = \boxed{\begin{array}{l}\text{違反者がストックオプション}\\\text{の行使によって取得した株数}\end{array}} \times \boxed{\begin{array}{l}\text{第三者との間で合意されて}\\\text{いた株式1株当たりの株価}\end{array}}$$

　以上のようなアレンジについては、金融商品取引業者等との交渉・調整が必要になる。

(ii)　発行会社による株式の管理

　上記のように、金融商品取引業者等に対して株式の保管委託をする方法以外に、令和6年度税制改正により、発行会社が株式を管理する方法も認められることになった。すなわち、譲渡制限株式について、発行会社による株式の管理等がされる場合には、金融商品取引業者等による株式の保管委託に代えて、発行会社による株式の管理も可能とされた（発行会社による株式管理要件。措法29の2①六ロ）。これにより、非上場時にストックオプションを行使し、株式を売却する場合であっても、証券会社等の関与が不可欠でなく税制適格の恩恵を受けられることとなった。

　発行会社による株式の管理等については、あらかじめ締結される株式の管理に関する取決めに従い、権利行使による株式の行使後直ちに発行会社により管理がされることが必要となる。

　発行会社と役職員との取決めの内容については、以下のとおりである（措法29の2①六ロ、同令19の3⑨⑩）。

①　管理に係る契約が権利者の別に締結されるものであること
②　新株予約権の行使により交付をされる当該株式会社の株式につき帳簿を備え、権利者の別に、当該株式の取得その他の異動

状況に関する事項を記載し、または録することによって当該株式を当該株式と同一銘柄の他の株式と区分して管理をすること

③　管理がされている株式の譲渡は、金融商品取引業者等への売り委託または人に対する譲渡により行うこと

④　財務省令（措規11の3④）で定める内容

まず、上記②に関し、令和6年経済産業省告示第69号においては、区分管理帳簿を備えて、一定の事項を記載したうえ、同一銘柄の他の株式と区分して管理しなければならないとされており、権利行使者に対して区分管理帳簿の写しを交付する必要がある。また、この区分管理帳簿は帳簿の閉鎖の日の属する年の翌年から5年間の保存義務がある。さらに、発行会社は、毎年1月31日までに、所轄の税務署に対し、「特定株式等の異動状況に関する調書」を提出する必要がある（措法29の2⑦）。

また、上記③に関し、譲渡方法または譲渡先が限定されているため、例えば、役職員が個人に対し、金融商品取引業者等への売り委託を行わずに相対で譲渡する場合には、株式管理要件を満たさないことになる。また、管理のされている株式を役職員が譲渡した場合、遅滞なく、発行会社に対して1株当たりの対価の価額を通知しなければならない（令和6年経済産業省告示第69号3）。

具体的な管理に関する手続きの概要は、以下の図のようになる。

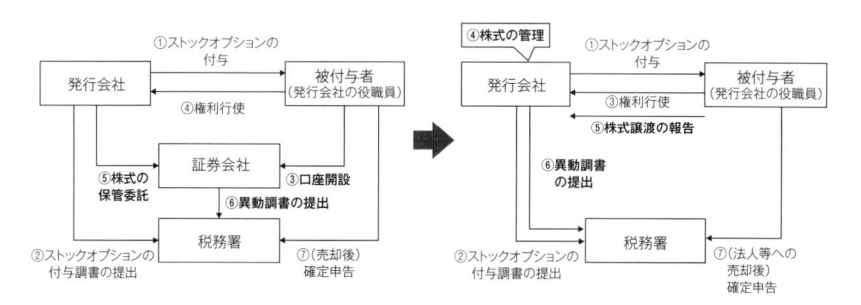

出典：経済産業省（令和5年12月）「令和6年度（2024年度）経済産業関係 税制改正について」

　以上のとおり、発行会社による株式管理が認められたものの、実際に発行会社が管理する方法を利用する場合には、法令等に基づき、管理方法の詳細や関係書類を事前に検討しておく必要がある[62]。

62　経済産業省のストックオプション税制に係るホームページ
　　（https://www.meti.go.jp/policy/newbusiness/stock-option.html）では、要件の概要や区分
　　管理帳簿のフォーマット例が公表されている。

【区分管理帳簿のフォーマット例】

氏名：　　　　　　　住所：　　　　　　　帳簿作成日：

特定株式又は承継特定株式の別	株式の種類	取得役員の特定株式又はそれ以外の特定株式の別	権利行使日（取締役員の特定株式以外の場合）	取得				譲渡				残高
				株式取得日	取得事由	株数	一株あたりの取得価額（SO行使価額）	株式譲渡日	譲渡事由	譲渡株数	一株あたりの譲渡価額	
①												
②												
③												

※　区分管理帳簿は、権利者又は承継特例適用者の別に整理し、閉鎖の日の属する年の翌年から5年間保存しなければなりません。

※　一株あたりの譲渡価額が当該株式の時価を下回る場合には当該時価も併記すること

【注意】
・区分管理帳簿を電磁的記録として作成した場合、当該区分管理帳簿については以下のいずれかの措置を講じたうえで、保存しなければなりません。
　1. タイムスタンプ（タイムスタンプを付与する役務を提供する業務として総務大臣の認定を受けたものに限ります。）を付すこと
　2. 次のいずれかの要件を満たす電子計算機処理システムを使用して保存すること
　　①区分管理帳簿の記録事項について訂正又は削除を行った場合には、その事実及び内容を把握することができること
　　②区分管理帳簿の記録事項について訂正又は削除を行うことができないこと

出典：経済産業省ホームページ「ストックオプション税制」

発行会社による株式管理を行っている場合の上場時の処理

本文記載のとおり、発行会社による管理の対象となる株式は譲渡制限株式である必要がある。そのため、発行会社が上場する場合の処理も問題になる。

すなわち、発行会社が上場する際には株式の譲渡制限を撤廃する必要がある（有価証券上場規程（東京証券取引所）205条11号）。これに対して、発行会社による管理の対象となる株式は譲渡制限株式である必要があることから、管理主体が不在の期間なく適切に、発行会社による株式管理から保管委託に移行する必要がある。

そのため、上場承認前に、株式保管を行う金融商品取引業者等との間で保管委託に係る契約を締結して必要な情報を連携することや、発行会社による株式管理の間は譲渡制限株式であるように、譲渡制限を撤廃する定款変更をする旨の株主総会決議において、定款変更の効力は株式等振替制度への移行時に発生するように条件を付す等の調整をする必要があるといった留意点がある[63]。

(5) 権利行使時の手続きおよび書面の保管

税制適格ストックオプションを付与された者が、付与決議日において大口株主およびその特別関係者に該当しなかったことの誓約書および新株予約権の行使の日の属する年における権利者の他の新株予約権の行使の有無（行使があった場合には当該行使に係る権利行使価額およびその行使年月日）その他の事項を記載した書面を、権利行使時に発行会社に提出することが必要であり、提出がなければ、税制適格要

63　前掲注62の経済産業省のホームページも参照。

件を満たさないことになる（措法29の2②）。発行会社は、これらの書面を5年間保存する必要がある（措法29の2③）。

⑹　割当契約の具体例

　税制適格要件に従った発行会社と付与対象の役職員との間で締結される割当契約書（設立から20年以上経過している非上場会社）の例は、以下のとおりである（税務に関連する部分のみ）。

　【発行会社】（以下「甲」という。）と【付与対象の役職員】（以下「乙」という。）は、新株予約権の割当てに関して、以下のとおり契約（以下「本契約」という。）を締結する。

第1条（募集新株予約権の発行）
　　甲は、甲の令和●年●月●日付株主総会決議及び同日付取締役会決議に基づき、別紙1記載の要項（以下「本要項」という。）にて募集新株予約権●個（以下「本新株予約権」という。）を発行し、乙に対し、令和●年●月●日（以下「割当日」という。）において、そのうち●個を割り当てる。乙は本契約をもって、他の引受人とともに、本新株予約権の総数を引き受けるものとする。

第2条（払込みに関する事項）
　　乙は、本新株予約権の引換えに金銭の払込みを要しない。

第3条（総数引受契約）

（省略）

第4条（税制適格ストック・オプション）

　　別紙1を含む本契約のいかなる規定にもかかわらず、甲及び乙は、租税特別措置法第29条の2第1項本文の規定の適用を受けるため、次に掲げる事項に従うものであるとの認識であることを確認する。

(1)　本新株予約権の行使はかかる権利行使期間のうち、付与決議の日後2年を経過した日から付与決議の日後10年を経過する日までの期間内に行わなければならないものとする。

(2)　乙による1年間の本新株予約権の行使価額の合計額は1200万円を超えないものとする。

(3)　甲及び乙は、別紙記載の行使価額が、本契約締結時における甲の普通株式1株あたりの価額以上であることを確認する。

(4)　乙は、本新株予約権につき、第三者に対する譲渡、担保設定その他の処分をすることはできない。

(5)　本新株予約権の行使による株式の交付は、当該交付のために付与決議がされた会社法第238条第1項に定める事項に反しないで行われるものとする。

(6)　本新株予約権の行使により取得をする株式につき、次に掲げる要件のいずれかを満たすものとする。

　　①　乙は、本新株予約権の行使により取得する株式につき、当該行使に係る甲と金融商品取引業者又は金融機関（以下「金融商品取引業者等」という。）との間であらかじめ締結

される新株予約権の行使により交付される甲の株式の振替口座簿への記載若しくは記録、保管の委託又は管理及び処分に係る信託（以下「管理等信託」という。）に関する取り決めに従い、当該取得後直ちに、甲を通じて、当該金融商品取引業者等の振替口座簿に記載若しくは記録を受け、又は当該金融商品取引業者等の営業所若しくは事務所に保管の委託若しくは管理等信託を行うこと。なお、かかる金融商品取引業者等については、別途、甲から乙に通知する。

② 　甲と乙との間であらかじめ締結される新株予約権の行使により交付をされる甲の株式（譲渡制限株式に限る。）の管理に関する取決めに従い、当該取得後直ちに、甲により管理がされること。

(7) 　本新株予約権の行使に係る甲の株式の取得について租税特別措置法第29条の２に定める非課税措置が適用されず、かつ、行使により受ける経済的利益に対して乙が所得税を課され、当該所得税について甲が源泉徴収義務を負う場合には、乙は、甲の請求に基づき、甲の指定する日時までに、甲の指定する銀行口座に現金にて源泉徴収額相当額を振り込むものとし、当該源泉所得税額相当分の払込みがなされない限り、乙は本新株予約権を行使することができないものとする。

第５条（新株予約権の取得事由）

（省略）

第６条（本新株予約権の行使手続）

（省略）

第7条（確約書の締結）

　（省略）

第8条（意思表示及び通知の方法）

　（省略）

第9条（法令遵守）

　乙は、本新株予約権の行使、その行使により取得した株式の売却、売却前後の株式の買付等に関連して、会社法、金融商品取引法その他の関係法令及び甲の内部者取引に関する規程その他の社内規程を遵守するものとする。

第10条（税務処理）

　乙は、本新株予約権の引受、行使及び行使により取得した株式の売却等により課せられる所得税その他一切の租税公課を自らの負担と責任において納付するものとする。

第11条（細則制定権）

　（省略）

第12条（契約の変更）

　（省略）

第13条（管轄裁判所）

　（省略）

第14条（規定外の事項の処理）

　（省略）

（署名・押印欄省略）

　なお、印紙税法上、割当契約書については、課税文書に該当しないため、収入印紙の貼付は不要である。

2　税制適格ストックオプションを付与した場合

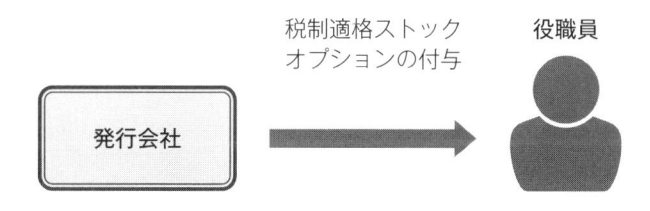

⑴　役職員の課税関係

　相殺構成または無償構成のいずれであっても、付与されるストックオプションに譲渡制限が付されていることから、役職員において、税制適格ストックオプションの付与時に課税は生じない。

⑵　発行会社の課税関係

　発行会社が役職員に対して税制適格ストックオプションを付与した

場合、以下のような税務仕訳となるが、発行会社において、前払費用を損金算入することはできない。

【税務仕訳】

借方	金額	貸方	金額
前払費用（損金不算入）	××円	新株予約権	××円

　なお、発行会社が税制適格ストックオプションを付与した場合、その付与をした日の属する年の翌年1月31日までに、特定新株予約権等の付与に関する調書を税務署長に提出しなければならないとされているため、注意が必要である（措法29の2⑥）。

3　税制適格ストックオプションを行使した場合

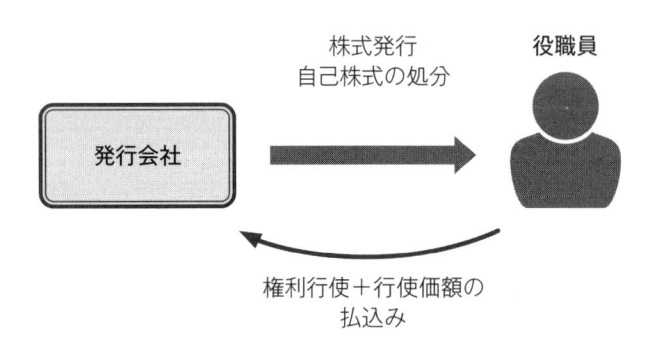

(1)　役職員の課税関係

　役職員が税制適格ストックオプションの権利を行使した時において

も、課税は生じない（措法29の2①）。ただし、上記で述べたとおり、年間の行使価額の上限を超えてストックオプションを行使した場合、上限を超えることになる行使による権利行使益について、税制適格要件を満たさないことになり、給与所得等として課税される（上記1(4)③参照）。

　また、役職員は、権利行使のタイミングで、付与決議日において大口株主およびその特別関係者に該当しなかったことの誓約書および新株予約権の行使の日の属する年における権利者の他の新株予約権の行使の有無（行使があった場合には当該行使に係る権利行使価額およびその行使年月日）その他の事項を記載した書面[64]を発行会社に提出することが必要である（措法29の2②）。

(2)　発行会社の課税関係

　役職員が税制適格ストックオプションの権利を行使した場合、発行会社において、株式を新規に発行または自己株式の処分を行うことになる[65]。そこで、ストックオプションの権利行使は、発行会社においては資本等取引に該当し、権利行使価額と新株予約権の帳簿価額の合計額が資本金等の額として計上される（法令8①ニ）。

　また、税制適格ストックオプションを行使した役職員においては給与等課税事由が発生しないため、発行会社は損金算入することができず（法法54の2②）、税務上計上されていた前払費用を取り崩してその他流出（社外流出）として処理する。

64　全国株懇連合会は、税制適格ストックオプション用の新株予約権行使請求書のモデルを公表しており、参考になる。
65　資本金の額が増加する場合には、登録免許税が課税されることになる。

【税務仕訳】

借方	金額	貸方	金額
現預金（行使価額）	××円	資本金等の額	××円
新株予約権	××円		
その他流出	××円	前払費用	××円

　もっとも、役職員が年間の行使額の上限を超えてストックオプションを行使した場合、給与所得等として課税されるため、給与等課税事由が生じ、給与所得等として課税された部分につき、損金算入できる。なお、税制適格ストックオプションを行使する者は、上記のとおり、発行会社に対し、行使する日の属する年における当該行使者の他の新株予約権の行使の有無（行使があった場合には権利行使価額および行使年月日）を記載した書面を提出する必要があるため（措法29の2②三）、発行会社は、権利行使をした役職員の年間の権利行使価額を把握することができる。

　仮に役職員に給与所得等として課税される場合、発行会社は源泉徴収が必要となり、源泉徴収相当額を役職員に対して求償することになる。この点の処理については、第2章3(2)③を参照されたい。

4　税制適格ストックオプションの行使により取得した株式を譲渡した場合

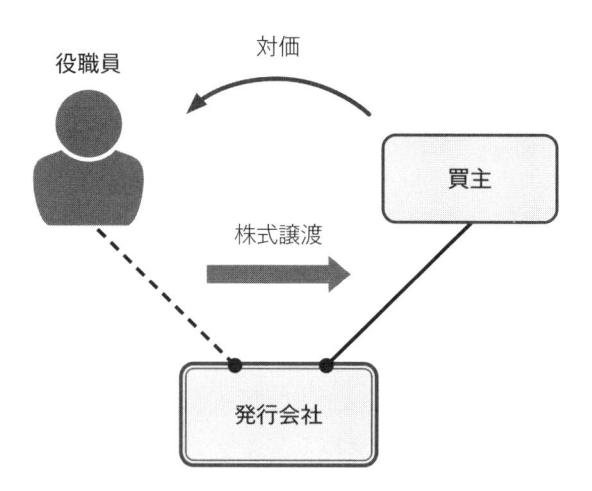

(1)　役職員の課税関係

　役職員が税制適格ストックオプションを行使して取得した株式（特定株式）を譲渡したときに、譲渡価額と取得費（権利行使価額）との差額につき、株式等に係る譲渡所得等として申告分離課税されることになる（措法37の10。発行会社が上場していた場合には、措法37の11）。

　役職員が特定株式の他に同一銘柄で別に取得していた株式がある場合、特定株式とそれ以外の株式は、それぞれ銘柄が異なるものとして、株式等に係る譲渡所得等を計算することになる（措令19の3㉑）。

　また、税制適格ストックオプションは、上記のように特定株式を譲渡した場合のみならず、以下の事由により全部または一部の返還また

は移転があった場合には、その事由が生じた時に譲渡があったものとみなされて課税される点に注意が必要である（措法29の2④）。

> ・金融商品取引業者等の振替口座簿への記載や管理等信託の解約・終了
> ・特定株式の贈与（法人に対するものを除く）または相続、遺贈（ただし、引き続き、振替口座簿への記載や管理等信託をする場合を除く）
> ・時価より低い価額での譲渡（ただし、時価の2分の1未満に該当して所得税法59条1項2号に該当する譲渡を除く）

　なお、特定株式を担保に提供するため、金融商品取引業者等から株券の返還を受けた場合には、特定株式を譲渡したものとみなされて課税される点にも留意が必要である[66]。

　発行会社が上場した場合、税制非適格ストックオプションを行使して取得した株式は特定口座に受け入れることができるが（第2章3(1)④参照）、税制適格ストックオプションを行使して取得した株式は特定口座に受け入れることができず、確定申告が必要となる。

(2)　発行会社の課税関係

　税制適格ストックオプションの行使により株式を取得した役職員が株式を時価で譲渡した場合、発行会社にとっては、株主に異動が生じるのみであるため、特段の課税関係は生じない。

66　前掲注19）579〜580頁。

コラム　非上場株式の流通促進

　非上場時に税制適格ストックオプションを行使し、株式を取得した場合、その換金方法は、伝統的には、上場後に株式を市場（証券取引所等）で売却する方法であった。翻って、非上場の状態で株式を取得しても売却することが期待できないため、権利行使条件の1つとして「上場していること」が設けられ、上場までの間はそもそもストックオプションの権利行使をすることができない内容となっていることも多かったことは述べた。

　他方、近時、非上場の状態における株式の流通を活性化することが、政策として振興されている。これは、日本のスタートアップ企業は、諸外国と比べて、企業価値が必ずしも大きくない状態で上場する、いわゆる「小粒上場」が多いと指摘されてきたこと等に起因する。特にレイター・ステージ（典型的には、事業化に成功し、一定の収益を安定して得られるか、その見込みが立ったスタートアップ企業の状態）以降などの、一定規模の非上場スタートアップ企業の株式の流通が促進され、上場前の株式の流動性が高まることにより、投資家からの上場圧力が緩和され、一定の企業価値・取引規模を確保した形で非上場時に成長し、そのうえで上場することが促進されることが期待される。

　この際、株式の売買の媒介を担うのが、典型的には、いわゆる証券会社である。株式の売買の媒介を行うためには、金融商品取引法（金商法）に基づき、証券会社、すなわち第一種金融商品取引業者としての登録を要する。伝統的には、投資家保護のため、証券会社の自主規制団体である日本証券業協会の自主規制レベルで、証券会社による非上場株式の取扱いは原則として認められて

こなかった（適格機関投資家に対する投資勧誘や、株主コミュニティや、株式投資型クラウドファンディング業務等が認められていた）。これに対し、2022年に自主規制規則が改正され、取扱いの範囲が拡張され特定投資家（いわゆるプロ投資家）を対象として、証券会社が非上場株式を取り扱うことを可能とした（特定投資家向け銘柄制度、J-Ships）。

　また、2024年5月には金商法が改正され、非上場株式に係る金融商品取引業者（証券会社）について、（a）非上場有価証券の仲介業者の登録要件緩和や、（b）非上場有価証券の電子的な取引の仲介業務（PTS）の参入要件緩和といった登録・参入要件の緩和が行われた。

　こうした取組みにより、税制適格ストックオプションをはじめとしたストックオプションが非上場時に行使され、取得した株式についても、非上場のままで、他の従業員などの買主候補に対する譲渡が促進されることが期待される。

5 税制適格ストックオプションを譲渡した場合

(1) 第三者に譲渡した場合

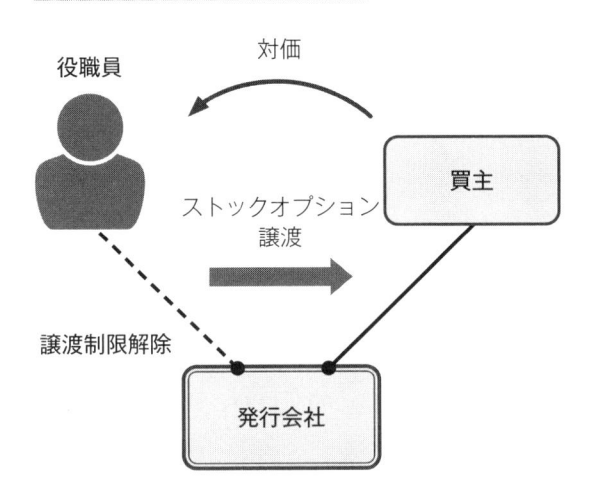

① 役職員の課税関係

　税制適格要件の１つとして、ストックオプションの譲渡をしてはならないこととされている（措法29の２①四）。この要件は、ストックオプションの割当契約において定められている必要がある。これに加えて、会社法上、通常は、譲渡による当該新株予約権の取得について発行会社の承認を要する旨の定め（譲渡制限）がなされていることが多く（会社法243②二かっこ書）、本書でもそのような定めがなされていることを前提としている。

　税制適格ストックオプションそのものを発行会社以外の第三者に譲渡するためには、発行会社の承認により、この譲渡制限を解除する必

要がある[67]。税制適格ストックオプションの譲渡制限を解除した場合、税務上、解除したタイミングでそれまで未実現と捉えられていた経済的利益が顕在化し、収入すべき金額が実現したものと考えるのが合理的である[68]。そして、税制適格ストックオプションについて、譲渡制限の解除によって顕在化した経済的利益は、原則として、株主総会の承認（通常は取締役会の承認）を受けて譲渡制限が解除された日（譲渡承認日）における税制適格ストックオプションの時価相当額であって、当該経済的利益は給与所得に該当すると考えられる。譲渡制限の解除と税制適格ストックオプション（ただし、譲渡制限の解除によって税制適格要件を満たさず、税制非適格ストックオプションとなっている）の譲渡のタイミングが近接している場合には、譲渡制限の解除時のストックオプションの時価が取得価額になることから（所令109①六）、原則として譲渡所得は発生しないと思われる。

② 発行会社の課税関係

　上記のとおり、税制適格ストックオプションの譲渡制限を解除したタイミングで、役職員において給与等課税事由が発生することになるため、発行会社において、損金算入が可能となる。実際に損金算入できるかという点については、上記第2章3(2)②を参照されたい。

67　株式会社が、譲渡制限の付された新株予約権の譲渡の承認をするか否かの決定をするには、株主総会（取締役会設置会社にあっては、取締役会）の決議によらなければならない。ただし、新株予約権の内容として別段の定めがある場合は、この限りでない（会社法265①）。

68　質疑応答事例「被買収会社の従業員に付与されたストックオプションを買収会社が買い取る場合の課税関係」（https://www.nta.go.jp/law/shitsugi/shotoku/02/49.htm）は、税制非適格ストックオプションに関する取扱いを明らかにするものであるが、その趣旨は税制適格ストックオプションにも妥当すると考えられる。なお、平成17年頃の、大阪国税局「審理課インフォメーション（第60号）」（TAINSコードH000000課税第一情報大阪060）によれば、税制適格ストックオプションの譲渡禁止条項を解除して譲渡させた場合には、譲渡承認時にその利益相当額を給与所得として課税することが相当である旨が記載されている。

【税務仕訳】

借方	金額	貸方	金額
役職員報酬	××円	前払費用	××円

③　第三者の課税関係

　ストックオプションそのものを譲り受けた第三者は、特に課税関係は生じない。なお、第三者が譲り受けたストックオプション（新株予約権）を行使した場合、権利行使益には課税が生じない（所令109①一、法令119①二）。

(2)　発行会社に譲渡した場合

　税制適格ストックオプションを発行会社に譲渡する場合は、税制非適格ストックオプションと同様に、無償で譲渡する場合と有償で譲渡する場合の2つのパターンが考えられる。

①　無償で譲渡する場合

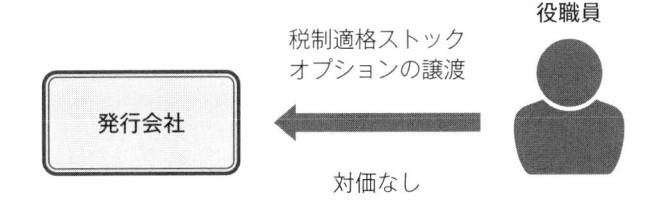

税制適格ストック
オプションの譲渡

役職員

発行会社

対価なし

　税制適格ストックオプションについても、税制非適格ストックオプションと同様に、一定の事由が生じたときに、発行会社が税制適格ストックオプションを無償で取得できるという条項が設けられることが

多い。

　税制非適格ストックオプションと同様に、役職員が無償取得条項に基づき、発行会社に対して税制適格ストックオプションを無償で譲渡したとしても、役職員には所得が生じず、課税されないと考えられる。また、発行会社においても、特に課税関係は生じず、給与等課税事由も生じないため、損金算入できず、以下の税務仕訳になると考えられる。

【税務仕訳】

借方	金額	貸方	金額
役員報酬（損金不算入）	××円	前払費用	××円

②　有償で譲渡する場合

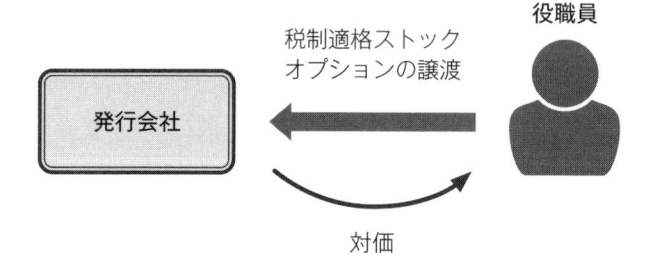

（i）　役職員の課税関係

　発行会社が税制適格ストックオプションを買い取る場合、会社法上、譲渡制限を解除する必要はない[69]。税制適格ストックオプションの場

69　譲渡制限新株予約権の新株予約権者は、その有する譲渡制限新株予約権を他人（当該譲渡制限新株予約権を発行した株式会社を除く）に譲り渡そうとするときは、当該株式会社に対し、当該他人が当該譲渡制限新株予約権を取得することについて承認をするか否かの決定をすることを請求することができるものとされており（会社法262）、発行会社に譲り渡そうとするときは、譲渡承認請求をすることは求められていない。

合、必ずしも明らかではないものの、条文上は所得税法41条の２は適用されず（同条の適用対象は、税制非適格ストックオプションである。所令88の２①）、株式等に係る譲渡所得等として分離課税されると解するのが合理的である（措法37の10）。しかし、この点について、税務当局は、税制適格ストックオプションについても、所得税法41条の２が適用されるとの見解であるとする解説がある[70]。この見解にしたがうと、税制非適格ストックオプションと同様、役職員が発行会社に対して税制適格ストックオプションを譲渡し、対価を収受した場合、その対価は給与所得等として課税されることになる。

(ii)　発行会社の課税関係

　上記のとおり、仮に税務当局の見解に従うとすると、発行会社が税制適格ストックオプションを取得した日において、給与等課税事由が発生するため、発行会社において、そのオプションバリュー相当額（買取りの対価として支払った金額ではない点に注意）について損金算入が可能となる。被付与者が役員である場合に、実際に損金算入できるかという点については、上記第２章３(2)②を参照されたい。

【税務仕訳】

借方	金額	貸方	金額
自己新株予約権	××円	現預金	××円
役職員報酬	××円	前払費用	××円

③　自己新株予約権を消却または処分する場合

　発行会社が取得した自己新株予約権を消却し、または処分した場合

70　「税制適格ＳＯの買戻しも給与等課税」T&A master1024号８頁参照。

の税務処理は、税制非適格ストックオプションと同様である（詳細は第2章5(2)③参照）。

6 税制適格ストックオプションが消滅した場合

　税制非適格ストックオプションにおいて説明したとおり、新株予約権は、権利行使期間の経過などによって権利行使できなくなった場合、消滅する（会社法287）。以下では、税制適格ストックオプションが消滅した場合の課税関係について説明する。

(1) 役職員の課税関係

　役職員に付与された税制適格ストックオプションが消滅した場合、役職員には特に課税関係は生じない。

(2) 発行会社の課税関係

　税制適格ストックオプションが消滅した場合、会計上、発行会社において新株予約権消滅益（債務消滅益）は生じるものの、税務上は、当該債務消滅益を益金の額に算入する必要はなく（法法54の2③）、前払費用を取り崩すという処理のみで足りる。

【税務仕訳】

借方	金額	貸方	金額
新株予約権	××円	前払費用	××円

7 税制適格ストックオプションの申告処理のまとめ

　これまで説明してきた税制適格ストックオプションの申告処理について、具体的な数値を用いて以下で説明する。

【前提条件】

・付与時のストックオプションの時価は200

・権利行使価額は100

・付与後に２年目まで株式報酬費用を各事業年度で100ずつ計上

①付与時

【会計処理】

　なし

【税務処理】

借方	金額	貸方	金額
前払費用	200	新株予約権	200

【申告調整】

法人税申告書別表五（一）Ⅰ利益積立金額の計算に関する明細書

区分	期首現在利益積立金額	当期の増減		差引翌期首現在利益積立金額
		減	増	
前払費用			200	200
新株予約権			▲200	▲200

②役務提供時　1年目

【会計処理】

借方	金額	貸方	金額
株式報酬費用	100	新株予約権	100

【税務処理】

　なし

【申告調整】

法人税申告書別表四　所得の金額の計算に関する明細書

区分	総額	処理	
		留保	社外流出
役員給与等の損金不算入（加算）	100	100	

法人税申告書別表五（一）　Ⅰ利益積立金額の計算に関する明細書

区分	期首現在利益積立金額	当期の増減		差引翌期首現在利益積立金額
		減	増	
前払費用	200			200
新株予約権	▲ 200	▲ 100		▲ 100

③役務提供時　2年目

【会計処理】

借方	金額	貸方	金額
株式報酬費用	100	新株予約権	100

【税務処理】

　なし

【申告調整】

法人税申告書別表四　所得の金額の計算に関する明細書

区分	総額	処理	
		留保	社外流出
役員給与等の損金不算入（加算）	100	100	

法人税申告書別表五（一）Ⅰ利益積立金額の計算に関する明細書

区分	期首現在利益積立金額	当期の増減		差引翌期首現在利益積立金額
		減	増	
前払費用	200			200
新株予約権	▲ 100	▲ 100		0

④権利行使時

【会計処理】

借方	金額	貸方	金額
新株予約権	200	資本金等	300
現金	100		

【税務処理】

借方	金額	貸方	金額
新株予約権	200	資本金等	300
現金	100		
役職員報酬（損金不算入）	200	前払費用	200

【申告調整】

法人税申告書別表四　所得の金額の計算に関する明細書

区分	総額	処理	
		留保	社外流出
役員給与等の益金不算入(加算)	200		200
役員給与等の認容(減算)	200	200	

法人税申告書別表五（一）Ⅰ利益積立金額の計算に関する明細書

区分	期首現在利益積立金額	当期の増減		差引翌期首現在利益積立金額
		減	増	
前払費用	200	200		0
新株予約権	0			0

⑤消滅時（権利確定後）

【会計処理】

借方	金額	貸方	金額
新株予約権	200	特別利益	200

【税務処理】

借方	金額	貸方	金額
新株予約権	200	前払費用	200

【申告調整】

法人税申告書別表四　所得の金額の計算に関する明細書

区分	総額（減算）	処理	
		留保	社外流出
新株予約権消滅益の益金不算入	200	200	

法人税申告書別表五（一）Ⅰ利益積立金額の計算に関する明細書

区分	期首現在 利益積立金額	当期の増減		差引翌期首現在 利益積立金額
		減	増	
前払費用	200	200		0
新株予約権	0			0

第4章

有償ストックオプションの
税務

1　有償ストックオプションの概要

　有償ストックオプションのメリットは、会計上、役職員報酬費用を計上することを避けつつ、税務上も、税制適格ストックオプションが抱えている制約を受けずに税制適格ストックオプションと同様の課税関係を達成することにある[71]。

　有償ストックオプションの発行に際しては、役職員が発行会社に対して公正な評価額を払い込むことになる。そのため、業績達成条件や株価条件が付され、当該公正な評価額を比較的安価に設定するということが一般に行われている。しかし、業績達成条件や株価条件を付してもなお、有償ストックオプションの公正な評価額が役職員にとって高額であって、役職員自身が必要な払込金額を調達することができず、付与対象者である役職員に対して、発行会社が給与や報酬等として金銭を支払い、あるいは金銭を貸し付け[72]、当該役職員がこれを有償ストックオプションの引受けに充てるということも検討され得る。

　このように、発行会社が提供した金銭を払込みに充てることで受ける有償ストックオプションの発行が、税制非適格ストックオプションと同様の課税上の取扱いを受けることにならないかは一応問題となり

71　本Q＆A問2参照。なお、本Q＆Aでは、有償ストックオプションは「税制非適格ストックオプション（有償型）」と呼称されている。本書では単に「有償ストックオプション」という用語を用いる。

72　発行会社が役職員に対して金銭を貸し付ける場合、貸金業法に抵触しないかといった論点を検討する必要がある。貸金業法に基づき貸金業登録が必要となる「貸金業」とは、金銭の貸付けを業として行うものをいうが、「事業者がその従業者に対して行うもの」はその例外の1つとされているため（貸金業法2四）、会社が役職員に対して貸し付ける場合には、貸金業の登録は不要となる。他方で、元従業員や業務委託先など「従業者」ではない場合には別途整理を行う必要が生じる。

得る。しかし、税制非適格ストックオプションの相殺構成とは異なり、有償ストックオプションの場合には、実際に現金の払込みが行われることや、ストックオプションの公正な評価額が算定されることからすると、上記のような事情のみをもって有償ストックオプションの発行が役務の提供その他の行為による対価には該当しないと考えるのが合理的である。

2　有償ストックオプションを付与した場合

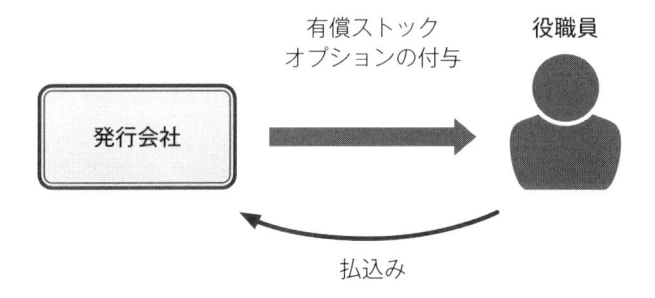

(1)　役職員の課税関係

　有償ストックオプションについては、役職員が新株予約権の公正価額を実際に払い込むことから、役職員に所得は生じず、課税も発生しない。そして、実際に払込みをした金額が当該ストックオプションの取得価額となる（所令109①一）。

　有償ストックオプションの発行に際しては、役職員へのインセンティブ付与という目的で、業績達成条件や株価条件が付されることが多く、これらの条件によって、公正な評価額が比較的安価に設定される。有償ストックオプションの公正な評価額については、一般的に2項モデル、ブラック・ショールズ・モデル、モンテカルロ・シミュレーション などの方法により算定される。裁判例においても、これらの算定方法はいずれも許容されている。

　有償ストックオプションの付与が有利発行に該当する場合には、新株予約権の時価と払込価額の差額につき、付与対象者である役職員の収入金額を構成し、給与所得等として課税されると考えられる。しかし、当該有償ストックオプションに譲渡制限が付されている場合には、有利発行に該当したとしても、付与されたタイミングでは経済的利益を享受できるわけではないため、付与時に課税は生じず、役職員が有償ストックオプションの権利を行使した年において、権利行使により取得した株式の時価から払込価額および行使価額を控除した金額につき課税される（所令109①三、84③）。所得の区分については、役職員の場合には給与所得等に区分されるように思われる。

　有利発行に該当するかについては、原則として、新株予約権の時価に比して社会通念上相当と認められる価額を下回る金額であるかどうかで判断されるが、具体的には、払込金額を決定する日における時価と払込金額との差額が概ね10％相当額以上かどうかという判断基準が示されている（所基通23～35共－7）。なお、会社法上、念のため、有利発行として株主総会の決議を経る

こともあるが、このことをもって税務上も有利発行に該当するわけではない。

⑵　発行会社の課税関係

　有償ストックオプションは通常の新株予約権と同様に税務上負債として取り扱われるため、発行会社において特段の課税関係は生じない。

【税務仕訳】

借方	金額	貸方	金額
現預金	××円	新株予約権	××円

3　有償ストックオプションを行使した場合

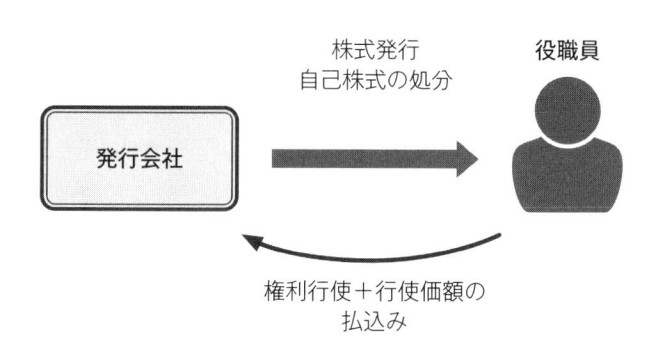

(1)　役職員の課税関係

有償ストックオプションの場合、「役務の提供その他の行為による対価」（所令84②二かっこ書）には該当しないことを前提に、その権利行使により取得した株式の取得価額は、株式の時価ではなく、行使価額に、新株予約権の取得価額を加算したものとされている（所令109①一）。そのため、有償ストックオプションの権利行使時においては、原則として役職員には所得は生じず、課税関係は発生しないと考えられている[73]。

なお、権利行使前に発行会社が上場していた場合、有償ストックオプションの権利を行使することによって取得した株式について、特定口座に受け入れを行うことができる。

(2)　発行会社の課税関係

役職員が有償ストックオプションの権利を行使した場合、発行会社において、株式を新規に発行または自己株式の処分を行うことになる。そこで、有償ストックオプションの権利行使により払い込まれた権利行使価額および負債に計上されている新株予約権の帳簿価額の合計額が資本金等の額の増加額となる（法令8①二）[74]。

有償ストックオプションの場合、被付与者に給与等課税事由が生じないため、いずれの段階においても、発行会社における損金算入は認められない（法法54②）。

73　本Q＆A問2において、所得税法上、有償ストックオプションの権利行使時において、権利行使に係る経済的利益は認識しないことが確認された。

74　資本金が増加する場合には、登録免許税が課税される。

【税務仕訳】

借方	金額	貸方	金額
現預金（権利行使価額）	××円	資本金等の額	××円
新株予約権	××円		

4　有償ストックオプションの行使により取得した株式を譲渡した場合

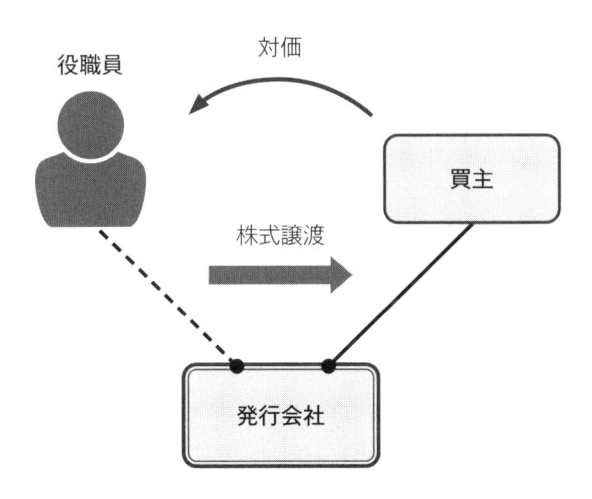

(1)　役職員の課税関係

　役職員が有償ストックオプションの権利を行使したことにより取得した株式を譲渡した場合、譲渡価額と当該株式の取得価額との差額が株式等に係る譲渡所得等に該当し、申告分離課税の対象となる（措法37の10。発行会社が上場した場合には措法37の11）。なお、発行会社が上場しており、役職員が権利行使により取得した株式を特定口座

に受け入れていた場合には、源泉徴収口座を選択して確定申告を不要とすることも可能である（措法37の11の5①一、措令25の10の2⑭十二ニ）。

　有償ストックオプションの権利を行使することによって取得した株式の取得価額は、有償ストックオプションの払込価額および権利行使価額の合計額である（所令109①一）。

(2)　発行会社の課税関係

　役職員が有償ストックオプションの行使により取得した株式を譲渡した場合、発行会社にとっては、株主に異動が生じるのみであるため、特段の課税関係は生じない。

5　有償ストックオプションを譲渡した場合

(1)　第三者に譲渡した場合

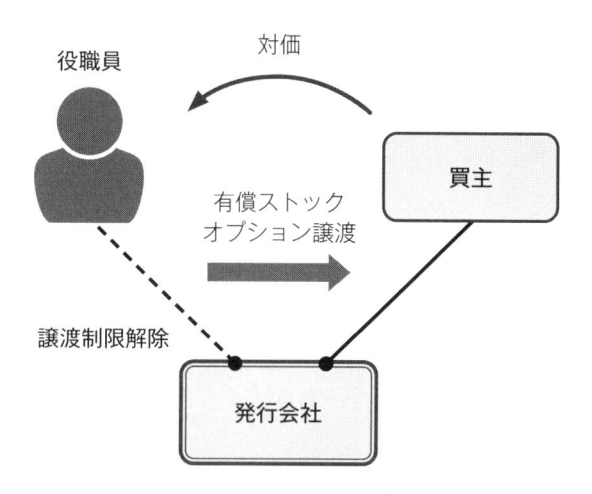

　有償ストックオプションを第三者に対して譲渡する場合、当該有償ストックオプションに譲渡制限（譲渡による当該新株予約権の取得について発行会社の承認を要する旨の定め。会社法243②二かっこ書）が付されていると、会社法上、有償ストックオプションそのものを第三者に譲渡するためには、発行会社の承認により、この譲渡制限を解除する必要がある。譲渡制限が解除されることより、有償ストックオプションの経済的価値は上昇するように思われるものの、税制非適格ストックオプションや税制適格ストックオプションと異なり、有償ストックオプションは経済的利益が顕在化したものとまでは評価できないため、給与所得等として課税されることはないと考えられる。した

がって、役職員は、有償ストックオプションの譲渡対価と払込価額の差額を、株式等に係る譲渡所得等として、申告分離課税されることになる（措法37の10）。

同様に、譲渡制限のない有償ストックオプションについては、譲渡によって、株式等に係る譲渡所得等として課税されることになる。

(2) 発行会社に譲渡した場合

有償ストックオプションを発行会社に譲渡する場合は、税制非適格・税制適格ストックオプションと同様に、無償で譲渡する場合と有償で譲渡する場合の2つのパターンが考えられる。

① 無償で譲渡する場合

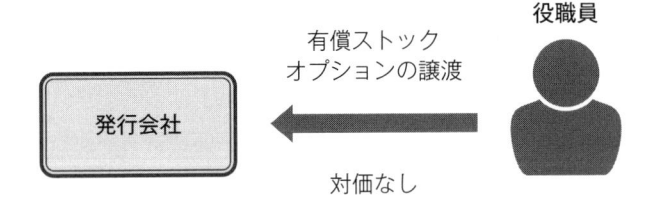

有償ストックオプションについても、税制非適格または税制適格ストックオプションと同様に、一定の事由が生じたときに、発行会社が有償ストックオプションを無償で取得できるという条項が設けられることが多い。

無償取得事由に該当した場合、無償取得によって役職員には有償ストックオプションの払込価額相当額の譲渡損が生じる（無償取得事由に該当した場合、有償ストックオプションについては経済的価値はないと考えられるため、低額譲渡（所法59①二）には該当しない）。

　発行会社においては、新株予約権を無償取得することにより、発行会社が負っていた債務がなくなることから、雑益が生じて益金の額に算入されると考えられる。

【税務仕訳】

借方	金額	貸方	金額
自己新株予約権	××円	受贈益（益金算入）	××円

②　有償で譲渡する場合

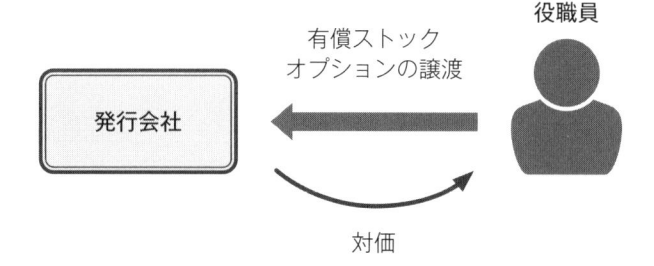

(i)　役職員の課税関係

　発行会社が有償ストックオプションを買い取る場合、譲渡制限が付されていたとしても、会社法上、譲渡制限を解除（譲渡を承認）する必要はない。有償ストックオプションについて、所得税法41条の2は適用されず（所令88の2①）、株式等に係る譲渡所得等として申告分離課税されると解される（措法37の10）。

(ii)　発行会社の課税関係

　発行会社が有償ストックオプションを買い取る場合、発行会社にお

いて、特に課税関係は生じない。

【税務仕訳】

借方	金額	貸方	金額
自己新株予約権	××円	現預金	××円

③　自己新株予約権を消却または処分する場合

　発行会社が取得した自己新株予約権について消却し、または処分した場合の税務処理は、税制非適格ストックオプションと同様である（詳細は第2章5(2)③参照）。

6　有償ストックオプションが消滅した場合

(1)　役職員の課税関係

　有償ストックオプションに付された権利行使条件が成就しなかったことや、対象となる株式の時価が権利行使価額に満たなかった等の理由により行使されずに失効し、有償ストックオプションが消滅することがある（会社法287）。この場合、役職員において有償ストックオプションが消滅することによる有価証券消滅損が生じる。もっとも、新株予約権の消滅損は他の株式等の譲渡益や給与所得など他の所得の金額から控除することはできない。

(2) 発行会社の課税関係

有償ストックオプションが行使されず消滅した場合には、税制非適格または税制適格ストックオプションと異なり、発行会社が無償取得した有償ストックオプションの帳簿価額相当額が、新株予約権消滅益として益金に算入されることになる。

【税務仕訳】

借方	金額	貸方	金額
新株予約権	××円	新株予約権消滅益 （益金算入）	××円

---

7 有償ストックオプションの申告処理のまとめ

前提条件
・付与時のストックオプションの払込金額（時価）は50
・権利行使価額は100
・会計上は株式報酬費用の計上はなし

① 付与時

【会計処理】

借方	金額	貸方	金額
現預金	50	新株予約権	50

【税務処理】

借方	金額	貸方	金額
現預金	50	新株予約権	50

【申告調整】

なし

②役務提供時　1年目

【会計処理】

なし

【税務処理】

なし

【申告調整】

なし

③役務提供時　2年目

【会計処理】

なし

【税務処理】

なし

【申告調整】

なし

④権利行使時

【会計処理】

借方	金額	貸方	金額
新株予約権	50	資本金等	150
現預金	100		

【税務処理】

借方	金額	貸方	金額
新株予約権	50	資本金等	150
現預金	100		

【申告調整】

　なし

⑤失効時（権利確定後）

【会計処理】

借方	金額	貸方	金額
新株予約権	50	新株予約権消滅益	50

【税務処理】

借方	金額	貸方	金額
新株予約権	50	新株予約権消滅益	50

【申告調整】

　なし

　有償ストックオプションは、付与対象者（役職員）が付与時における新株予約権の公正な価額を実際に払い込むことから、役職員に対する報酬には該当せず、発行会社において費用計上は不要と考えられていた。しかしながら、企業会計基準委員会が平成30年1月12日に公表した「有償ストックオプション実務対応報告」において、従業員等に対して有償ストックオプションを付与する取引について、企業が従業員等から払い込まれる金銭および従業員等から受ける労働や業務執行等のサービスの対価として付与するものと整理され、その対価を費用計上するとの考え方が示された。すなわち、権利確定条件付き有償ストックオプションについては、当該ストックオプションの公正な評価額から払込価額を差し引いた金額のうち、勤務期間を基礎とする方法等に基づき登記に発生したと認められる額を費用計上する必要がある。

　有償ストックオプションは、発行会社において会計上費用計上しなくてもよいという点でメリットがあると考えられていたが、有償ストックオプション実務対応報告の公表により、費用計上が必要になる場合も生じた。したがって、有償ストックオプションを付与する場合には、会計処理について、専門家に相談することが必須であろう。

コラム　信託型ストックオプション

　令和5年5月30日に、国税庁はストックオプションに対する課税（Q&A）を公表した。本Q&Aは主にストックオプション全般に関する税務上の取扱いが解説されており、そのなかには、いわゆる信託型ストックオプションの課税関係も含まれている。本Q&Aで示された信託型ストックオプションの課税関係は、実務上これまで想定されてきた課税関係とは異なるものであったため、大きな議論を呼んだ。

　まず、信託型ストックオプションの概要と本Q&Aが公表される前までに想定されていた課税関係を説明する。

　信託型ストックオプションは、創業者等の委託者が受託者に対して、有償ストックオプションを引き受けるための金銭を信託することにより行われるが、信託の契約締結時において、受益者等が存在しない信託とすることがポイントである。これにより、税務上は法人課税信託という類型に該当することになる。そして、会社に対する貢献度等に応じて役職員のなかから受益者として指定され、有償ストックオプションが指定された受益者に分配された時点および当該ストックオプションの権利行使をした時点において、役職員に所得課税が生じないことが大きなメリットの1つである。

　信託型ストックオプションの主な手続きは以下のとおりである。

① 創業者等の委託者が受託者と信託契約を締結し、金銭を信託譲渡する。

② 受託者は信託譲渡を受けた金銭をもって発行会社から有償ストックオプションを引き受ける。

③ 事前に定められた受益者指定のガイドラインに従って、役職員が受益者として指定される。

④ 受益者指定により信託期間が満了し、受託者は有償ストックオプションを受益者に分配し、信託は終了する。

⑤ 各役職員は有償ストックオプションを行使して株式を取得する。

信託型ストックオプションの課税関係は、上記①で委託者が受託者（受託法人）に金銭を信託譲渡したときに受託法人において受贈益として法人税等が課されることになり、それ以降の②から⑤の各ステップでは課税関係が生じないものと想定されてきた。すなわち、上記③において、役職員が受益者に指定されることで、実質的には当該役職員が経済的な利益を享受することになるが、受託法人において信託設定時に代替的に法人税等が課されているため、受益者においては、信託財産に属する資産および負債をその直前の帳簿価額で引き継いだものとされ（所法67の3①）、かつ、その引継ぎにより生じた収益の額は総収入金額に算入しないものとして取り扱われることになる（同条②）。一方、受託者（法人）においては、信託財産をその直前の帳簿価額で引き継いだものとして各事業年度の所得の金額が計算されるため、譲渡損益が生じないこととされる（法法64の3②）。したがって、受益者

指定によって受益者が存する信託になった場合、受託法人および受益者のいずれにおいても課税は生じないことになる。

　また、上記⑤においても、役職員が権利行使するのは有償ストックオプションであることから、権利行使時に役職員に所得は生じず、課税は生じないものと解されていた[75]（所令109①一）。

　これに対し、本Q＆A問3では、まず受益者指定により役職員が受益者となることによる経済的利益については課税関係が生じないこととしている一方で、役職員がストックオプションを行使して発行会社の株式を取得した際の経済的利益について給与所得になると整理している。国税庁は、給与所得とする根拠として「実質的には、発行会社が役職員にストックオプションを付与していること、役職員に金銭等の負担がないこと」を理由としており、その根拠条文として所得税法施行令84条3項をあげている。この課税関係の整理についてはさまざまな意見があるものの[76]、本Q＆Aの公表をもって、従前の信託型ストックオプションのスキームを新たに導入することは困難な状況になったといえる。

　国税庁は、すでに導入済みのスタートアップ企業の救済策として、本Q＆A問12において信託型ストックオプションを税制適格ストックオプションに転換する余地があることを示した。すなわち、すでに導入済みの信託型ストックオプションについて、税制適格ストックオプションと同様の要件を満たせば、税制適格ス

75　実際に、本Q＆A問2において、有償ストックオプションの行使時の経済的利益については、所得税法上、認識しないと説明されている。

76　佐藤英明「信託型ストックオプションの課税関係」税務事例研究197号19頁以下は、委託者が創業者である場合、所得税法施行令84条3項は適用されないとしつつ、所得税法36条1項に基づき、行使時に課税されるとする見解を示している。また、本Q＆Aの見解を批判するものとして、佐藤修二＝木村浩之＝川添文彬「鼎談　信託型ストック・オプションに関する国税庁見解の法的検討（前編）」T&A master991号4頁以下がある。

トックオプションとして取り扱うこととしたのである。

　他方、すでに信託型ストックオプションを権利行使している場合には、本Ｑ＆Ａでも救済策は示されておらず、権利行使に係る給与所得について、発行会社に源泉徴収漏れが生じていることになる。源泉所得税はストックオプションの行使者が負担すべきものであり、仮に発行会社が当該行使者に求償しないと判断した場合には、その求償しないこととなった源泉所得税相当額について、債務免除に係る経済的利益を与えたものとして給与所得等が発生するため、発行会社は源泉所得税をグロスアップ計算する必要がある。

　本Ｑ＆Ａの公表後、信託型ストックオプションを導入していた企業のうち、すでに権利行使済みである信託型ストックオプションに係る源泉所得税を計算したうえ、一定の役職員に対する求償権を放棄し、グロスアップ計算して源泉所得税を納付した企業もある。

　本Ｑ＆Ａの公表により、従前利用されていた信託型ストックオプションをそのまま利用することはないと考えられる。また、2024年12月27日付で閣議決定された令和7年度税制改正大綱において、受託者がストックオプションを行使した上、当該受託者が受益者である役職員に対してストックオプションの行使によって取得した株式を分配する場合においても、受益者が株式の取得価額を引き継ぐという取扱いをせずに、時価で株式を取得したものとして、所得課税されることが明記された。しかも、与党が2024年12月20日付で公表した税制改正大綱においては、「スタートアップの人材確保を支援するストックオプション税制について、信託等を利用することで本税制の要件を満たさずに同じ税

優遇効果を生むスキームに対して、適正化の措置を講ずる。今後同様のスキームが創出された場合にも迅速に対応する」と記載されている。今後、税制上のメリットを求めて新たなストックオプションのスキームを開発することは税務リスクが高いと思われる。

ストックオプション関係の手続き・規制

1 概要

　第5章では、ストックオプションの付与、行使、行使により取得した株式の譲渡、ストックオプションそのものの譲渡、および消滅といった、第2章から第4章において見てきたプロセスごとに、必要となる手続きや、留意すべき規制について触れる。本書はストックオプションの税務上のポイントを解説するものであるため、簡潔なものとするが、税務上の取扱いを検討する前提として概要に触れる。

　基本的には、会社法上の新株予約権であるストックオプションは、会社法上の手続きが問題になる。ただし、新株予約権は金融商品取引法（金商法）上の「有価証券」でもあり、金商法の規制にも服する。また、上場を目指すスタートアップであれば、ストックオプションにまつわる取引がなされるタイミング次第で、金融商品取引所（証券取引所）の規則にも服することがある。

　なお、基本的には、税務上の分類である税制非適格、税制適格および有償ストックオプションにおいて、手続き面において実質的な差異はないため、共通して解説する。そのうえで、分類によって取扱いについて留意すべき点がある場合、個別に言及する。

2　ストックオプションを付与する場合

(1)　会社法の手続き

会社法上の新株予約権であるストックオプションの発行（付与）を行う際、会社法上、主に、以下の手続きや論点が存在する[77]。

① 株主総会：募集事項の決定とガバナンス

（i）株主総会で決定すべき事項（募集事項）

（ii）募集事項の決定機関（原則）：株主総会と種類株主総会

（iii）募集事項の決定の取締役（会）への委任

（iv）有利発行規制

（v）役員報酬規制

（vi）取締役の利益相反規制

② 取締役（会）：実際に誰に割り当てるか（割当て・総数引受契約の締結）

①　株主総会の決議

(i)　決定すべき事項：新株予約権の募集事項

会社法上、ストックオプションの発行時に、発行会社は新株予約権の基本的事項である「募集事項」を決定する必要がある（会社法238①各号）。主な項目は以下のとおりである。

77　以下では、取締役会設置会社のうち、非上場会社で一般的にみられる監査役設置会社を原則とする。

【新株予約権の募集事項】

---

① 新株予約権の内容・数
② 新株予約権と引換えに金銭の払込みを要しないこととする場合にはその旨
③ 新株予約権の払込金額または算定方法
④ 新株予約権を割り当てる日
⑤ 新株予約権と引換えにする金銭の払込みの期日を定めるときは、その期日

そのうえで、募集事項のうち①「新株予約権の内容」はさらに細かく規定されている。主な項目は以下のとおりである（会社法236①各号）。

【新株予約権の内容（概要）】

・新株予約権の目的である株式の数等および新株予約権の個数
・新株予約権の行使に際して出資される財産の価額またはその算定方法
・新株予約権を行使することのできる期間
・譲渡による新株予約権の取得について株式会社の承認を要することとするときはその旨
・新株予約権に関する取得事由等
・組織再編時における新株予約権の取扱い
・交付する株式の数に１株に満たない端数がある場合において、これを切り捨てるものとするときはその旨
・新株予約権証券を発行するときはその旨

(ii)　募集事項の決定機関：株主総会と種類株主総会

　新株予約権の募集事項の決定は、非公開会社である一般的な非上場会社では、原則として株主総会における特別決議により行う必要がある（会社法238②、309②六）。

　また、新株予約権の目的である株式が譲渡制限株式である場合（その譲渡について株主総会や取締役会による承認が必要である場合）には、その株式の種類株主総会における特別決議も必要とされる（会社法238④、324②三）[78]。非上場会社において典型的な譲渡制限が付された普通株式を目的とするストックオプションを発行するには、普通株主による種類株主総会の特別決議が必要になり得る。

　定款でこの種類株主総会を不要とすることが可能であり（会社法238④ただし書）、実務上はこの種類株主総会を不要とする定款の定めを置くことが多いが（株主間契約等において一定の株主の事前承諾事項とされることが多い）、実際に定款の規定を丁寧に確認する必要がある。

(iii)　募集事項の決定の委任：取締役（会）

　上記にかかわらず、次の一定の事項について株主総会・種類株主総会[79]で決定したうえで、募集事項の決定をすること自体は、取締役会（取締役会非設置会社の場合は取締役）に委任することが可能である（会社法239①④）。この委任は、１年間のみ有効である（ストックオプションの割当日が、株主総会決議の日から１年以内の日である募集についてのみ有効。同③）。

78　種類株式を発行する際にも、その種類が譲渡制限株式であるときは、当該種類の株式に関する募集事項の決定やその委任について、定款の定めで不要とされている場合を除き、当該種類株主総会の決議が必要とされている（会社法199④、200④）。

79　種類株主総会の決議は、（取締役会への委任ではない）募集事項の決定と同様、定款の定めによって不要とすることができる（会社法239④ただし書）。

【募集事項の決定を委任する場合に株主総会で決議すべき事項】

> ✓ 委任に基づいて募集事項を決定できる新株予約権の内容・数の上限
> ✓ 新株予約権につき金銭の払込みを要しないこととする場合、その旨
> ✓ 新株予約権につき金銭の払込みを要する場合、払込金額の下限

　留意点として、「新株予約権の内容」（会社法236①各号）を株主総会において決定しなければ、取締役や取締役会にストックオプションの募集事項の決定を委任することはできない。「新株予約権の内容」は、上記のとおり会社法で細かく定められており、例えば、新株予約権の行使に際して出資される財産の価額（権利行使価額）や、権利行使期間が含まれている。そして、税制適格ストックオプションの要件に、次のような一定の事項が含まれていた（第3章1⑷①②）。

> ✓ 権利行使価額：割当契約の締結のときにおける1株当たりの価額に相当する金額以上
> ✓ 権利行使期間：付与決議の日後2年経過した日から10年（設立後5年未満の非上場会社は15年に延長）

　これらの事項の決定も取締役（会）に委任できないと、例えば、委任可能な期間である株主総会から1年の間に株価が上昇し、取締役（会）の決定・決議により個々の役職員に対して付与しようとしても、あらかじめ株主総会で定めた権利行使価額が、割当契約の締結のとき

には「1株当たりの価額に相当する金額以上」を満たさない場合もあり得る。

　これに対して、非上場のスタートアップ企業である場合、実務上、株主間契約において、スタートアップ・経営株主と投資家との合意として、ストックオプションをはじめとしたエクイティ・インセンティブを役職員等に付与することができる「枠」としてのストックオプション・プールを設けることが多い。このような「ストックオプション・プール」を投資家との間で定めているにもかかわらず、実際には株主総会を頻繁に行って、投資家を含めた株主から逐一同意を得なければ、実効性のある形でストックオプションを発行しにくいという制約も見られた。これに対し、2024年の産業競争力強化法の改正により、経済産業大臣および法務大臣による一定の「確認」制度が設けられ、この確認を受けた一定のスタートアップ企業は、取締役（会）に対して委任をすることができる内容の緩和や、委任期間が拡大され、柔軟かつ機動的にストックオプションの発行ができるようになった[80]。

(iv)　ストックオプションと有利発行規制

　有償ストックオプション以外の場合、通常は、付与対象者である役職員からの払込みは行われない（法律構成として相殺構成と無償構成があることについて、税制適格ストックオプションに関する第3章1(3)参照）。「特に有利な条件」での発行（いわゆる有利発行）に該当する場合、募集事項の決定または委任を行う株主総会で理由を説明する必要があるが（会社法238③一、239②一）、役務提供に対するインセンティブとして付与される場合、通常は有利発行には該当しないと考

80　確認制度の概要および事前相談の流れ等は、経済産業省ホームページにおいて公表されている（https://www.meti.go.jp/policy/newbusiness/stockoptionpool/index.html）。

えられていることが多いと思われる[81]。

有償ストックオプションの場合は、公正な価額が現実に払い込まれる限りにおいて、「特に有利な条件」での発行には該当しないと実務上整理されている。

(v) ストックオプションと役員報酬規制

(a) 無償ストックオプション（税制適格・非適格）

ストックオプションは付与対象者である役職員に対する報酬の性格を有することから、取締役に対して付与する場合、役員報酬規制（会社法361①）の対象となり、一定の事項について株主総会で決議をする必要がある[82]。

すなわち、確定額報酬または不確定額報酬として株主総会決議を行う必要がある（同一・二）。また、令和元年改正会社法において役員報酬等に関する決議事項が改正された一環で、ストックオプションとして新株予約権を付与する場合の決議についても明確化・追加された。具体的には、取締役に対して新株予約権を報酬等として付与する場合や（無償構成）、新株予約権と引換えにするための金銭を付与する場合（相殺構成）のいずれも、新株予約権の数の上限等の一定の事項を決議する必要がある（会社法361①四・五ロ、会社規98の3、98の4）。

---

81 大石篤史＝酒井真＝小山浩＝栗原宏幸編著『税務・法務を統合したM&A戦略』270頁参照（中央経済社、第3版、2022年）。もっとも、非公開会社であるスタートアップでは、有利発行でなくとも、新株予約権の募集事項の決定またはその委任を株主総会における特別決議により行う必要があることから（会社法238②、239①、309②六）、実務上は保守的に、あわせて有利発行に係る理由の説明を行うこともある。

82 なお、取締役の報酬等について、株主総会決議の代わりに定款で定めることも可能である。もっとも、通常の非上場会社においてはあまり見受けられない。また、監査役に対してストックオプションを付与する場合も見受けられる。監査役の報酬等は、定款にその額を定めていないときは、株主総会の決議によって定める（会社法387①）。監査役が2名以上いる場合、個別の監査役の報酬等については、定款の定め、株主総会の決議、または決められた報酬等の枠の範囲内で監査役の協議によって定める（同②）。

(b)　有償ストックオプション

有償ストックオプションは、付与対象者（役職員等）が付与時における新株予約権の公正な価額を実際に払い込むことから、会社法上の「報酬等」には該当せず、会社法361条の規制の適用を受けないと考えられてきた。もっとも、会計上、従業員等に対して有償ストックオプションを付与する取引は、企業が、従業員等から払い込まれる金銭や、従業員等から受ける労働や業務執行等のサービスの対価として付与するものと整理され、その対価を費用計上するとの考え方が示された（「コラム：有償ストックオプションと会計処理」参照）。これを契機として、会社法上も、有償ストックオプションが「報酬等」に該当しないか議論されることがある。この点、会社法上の役員報酬規制と会計上の費用計上に関する考え方は異なる目的に基づくものであり、両者は必ずしも一致せず、直ちに会社法上の報酬等への該当性に影響を与えるものではないと考えられる。

もっとも、上場会社において株主総会を開催し、役員報酬等として決議をする必要がある場合の負担に比べて、株主数が相対的に少ない非上場会社では、仮に役員報酬規制が適用された場合でも、株主総会を開催して承認決議を得る負担は相対的には重くない。そのため、実務上は、有償ストックオプションを発行する場合でも、保守的に、取締役の報酬等としての株主総会決議をあわせて取得することもある。株主総会決議を取得する場合、前述のとおり、無償ストックオプション（税制適格・非適格）と同様、令和元年会社法改正を踏まえた対応が必要になる。

(vi)　ストックオプションと取締役の利益相反規制

取締役が自己または第三者のために会社と取引しようとするとき

（直接取引）のほか、会社との利益が相反する取引をしようとするときは、取締役は、株主総会（取締役会設置会社の場合は取締役会）において重要な事実を開示し、承認を受けなければならない（会社法356①二・三、365①）。取締役会設置会社の場合、さらに取引後遅滞なく、重要な事実を取締役会に報告しなければならない（同②）。

　取締役に対するストックオプションの発行も、会社と取締役との間の直接取引として、利益相反取引規制に服するという考え方もある。役員報酬規制と重複する部分も多いが、実務上は、保守的にこの利益相反取引規制に基づく株主総会・取締役会決議としても行い、議事録上も明確にすることがある。

　なお、取締役が任務を怠ったときは会社に対して損害賠償責任を負うところ（会社法423①）、直接取引を含む利益相反取引によって会社に損害が生じたときは、取引を行った取締役や、決定・賛成した取締役は、その任務を怠ったものと推定される（同③）。

②　取締役会決議とストックオプションの割当て・総数引受契約

（i）　会社法上のプロセス

　新株予約権であるストックオプションを個々の役職員等に割り当てる際に、株式の発行と類似する、以下のプロセスが求められる（会社法242①②、243①③）。

> ✓　発行会社は、ストックオプションの引受けの申込みをしようとする者に対して、一定の事項を通知する
>
> ✓　申込者は、一定の事項を記載した書面を発行会社に対して交付する
>
> ✓　発行会社は、ストックオプションの割当数等を決定し、割当

> 日の前日までに申込者に通知する

　他方、株式の発行と同様に、発行会社とストックオプションを引き受けようとする者との間で総数引受契約を締結する場合には、係る通知や申込みの手続きは不要とされる（会社法244①）。実務上は、総数引受契約を締結することが多い。

　割当先の決定も、総数引受契約の締結の承認も、非公開会社であるスタートアップでは、取締役会（取締役会非設置会社では株主総会の特別決議）で決議する必要がある（会社法243②、244③、309②六）。

　なお、発行会社は、新株予約権を発行した日以後遅滞なく、新株予約権原簿を作成し、一定の事項を記載または記録しなければならない（会社法249）。また、登記事項に変更が生じることから、当該変更後2週間以内に、本店所在地において変更の登記をしなければならない（会社法911③十二、915①）

(ii)　割当契約と総数引受契約

　税制適格ストックオプションを発行する場合、割当契約に一定の事項を規定することが、税制適格要件の1つになっている点に注意が必要である（措法29の2①）。

　実務上は、ストックオプションの発行に関する登記申請に用いられるシンプルな総数引受契約と、ベスティング等の具体的な内容を定めた比較的詳細な割当契約の、2種類を締結することも多い。

(2)　金融商品取引法の規制（勧誘規制・開示）

　株式と同様に、金融商品取引法（金商法）上は有価証券として取り

扱われる新株予約権であるストックオプションは、金商法上の義務、特に開示義務について注意が必要である。

　すなわち、株式と同様、新株予約権は、金商法上はいわゆる一項有価証券に該当し（金商法2①九、②本文）、金商法に基づく取得勧誘等に関する規制（業規制・開示規制）を受ける。

① 業規制

　株式を発行する場合、発行会社自身による取得勧誘（自己募集・自己私募）は第一種金融商品取引業等の金融商品取引業に該当せず、金融商品取引業者としての登録は不要である。これと同様に、新株予約権の発行を行う発行会社も、それだけで金融商品取引業者としての登録が必要になるわけではない（金商法2⑧七等参照）。

② 開示規制

　他方、新株予約権の付与・発行に伴う取得勧誘が金商法上の「募集」に該当する場合、原則として、有価証券届出書の提出が必要となる（金商法4、5①）。有価証券届出書の提出義務がある場合、有価証券届出書の提出前に新株予約権に係る取得勧誘を行ってはならない（金商法4①）。また、有価証券届出書の提出後、原則として一定の待機期間を経るまで新株予約権を取得させること（その合意を含む）は禁止されている（金商法15①）。

　非上場のスタートアップ企業が、ストックオプションを発行するために有価証券届出書の提出等の開示を行うことはかなりの負担であり、基本的に想定されない。そのため、ストックオプションの付与対象者の範囲や、付与のタイムライン・プロセスの検討に際して、開示義務を負わない範囲で行われるように常に確認する必要がある。

　実務上は、①税制適格要件を満たす典型的な役職員にストックオプションを付与する場合、金商法上のいわゆる「ストックオプション開示特例」の要件を満たすように行われる。他方、必ずしも税法と金商法の要件は一致しておらず、注意が必要になる。

　また、ストックオプション開示特例を満たすことができない業務委託先等にストックオプションを付与する場合には、②開示義務を負わない少人数私募として行われることが多い[83]。税制適格要件を満たさない外部協力者等を付与対象者として、税制非適格・有償ストックオプションを付与する場合等において、特に注意が必要になる。

【ストックオプション発行の際の開示規制】

　原則：開示義務（有価証券届出書の提出）

　例外（実務上行われる手法）：

　　①　ストックオプション開示特例（役職員向け）

　　②　少人数私募（業務委託先等向け）

---

(3)　取引所の規則（ロックアップ・開示等）

　新規上場前の一定期間内に割り当てられたストックオプションとしての新株予約権については、東京証券取引所などの証券取引所の規則により、取得者が一定期間の継続所有の確約をすること（制度ロックアップ）や、発行会社が割当てについての開示や帳簿保存をすることが求められているため、注意が必要である。概要は以下のとおりである。

83　そのほか、適格機関投資家私募、特定投資家私募といった類型もあるが、省略する。

	対象となるストックオプション	規制の概要
継続所有・確約	上場申請日の直前事業年度の末日の1年前の日以後に割り当てられたストックオプションとしての新株予約権（上場日の前日までに行使・転換された株式等を含む）	取得者は、新株予約権の割当日から上場日の前日または当該新株予約権の行使を行う日のいずれか早い日まで所有すること（継続所有）の確約
開示・帳簿保存	上場申請日の直前事業年度の末日の2年前の日から上場日の前日までの期間に割り当てられた新株予約権	✓ 上場申請会社は、割当ての状況を、新規上場申請のための有価証券報告書（Iの部）に記載 ✓ 上場申請会社は、上場日から5年間、割当ての状況に関する記載の内容についての記録を保存する義務。また、東証が必要に応じて行う提出請求に応じる義務。

＜参考＞上場前の第三者割当増資等に関する規制の概略

区分	確約対象となる割当期間	継続所有期間	提出期間
株式 新株予約権 　ストックオプション	基準事業年度の末日の1年前の日以降	上場日以後6か月又は1年	継続所有等に係る確約を証する書類
		上場日前日まで	上記に加え、割当に係る取締役会議事録及び譲渡制限を証する書類

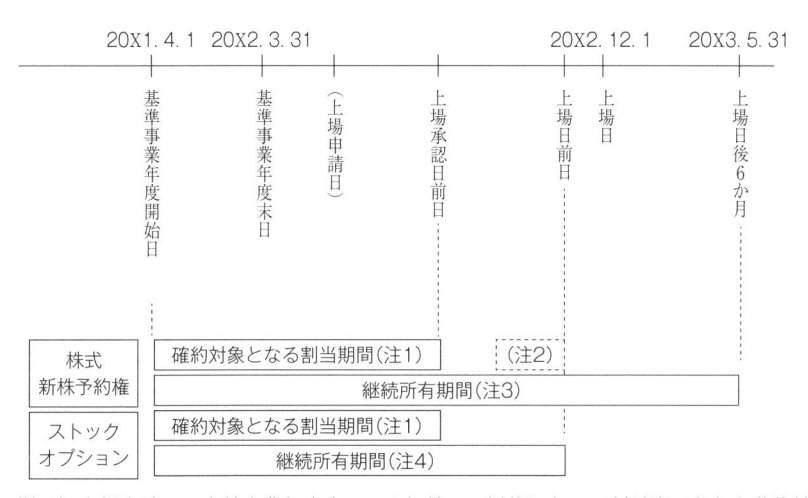

（注1）上場申請日の直前事業年度末日の1年前の日以後において割り当てられた募集株式、募集新株予約権、ストックオプションとしての新株予約権が確約の対象となる。

（注2）新規上場時の公募・売出しと並行して行われる第三者割当（当該公募・売出しにおける発行価格と同一の条件の場合に限る）に関しては、割当予定の株式に係る継続所有等の確約を証する書類を上場承認の前日までに提出することで実施可能となる。

（注3）割当日から上場日以後6か月間を経過する日までが継続所有期間となる。なお、上場日以後6か月間を経過する日が割当日から1年間を経過していない場合は、割当日から1年間経過する日までが継続所有期間となる。

（注4）割当日から上場日の前日までが継続所有期間となる。

出典：東京証券取引所「2024 新規上場ガイドブック（グロース市場編）」

(1)　会社法上の手続き

　新株予約権の行使は、①その行使に係る新株予約権の内容および数と、②新株予約権を行使する日を明らかにしてしなければならない（会社法280①）。そのうえで、ストックオプションは、通常、金銭が、新株予約権の行使に際してする出資の目的とされている。この場合、新株予約権者は、行使日に、会社が定めた銀行等の払込みの取扱いの場所において、権利行使価額の全額を払い込まなければならない（会社法281①）。新株予約権者は、当該払込みをする債務と株式会社に対する債権とを相殺することができず、現実に権利行使価額を払い込む必要がある（同③）。

　新株予約権を行使した新株予約権者は、新株予約権を行使した日に、新株予約権の目的である株式の株主となる（会社法282①）。

(2)　税制適格ストックオプションの場合の留意点

　特に税制適格ストックオプションの場合には、行使時に留意点がある。

　例えば、前述のとおり（第3章1(5)および3(1)）、税制適格ストックオプションを付与された者が、税制適格の取扱いを受けるためには、権利行使のタイミングで、①付与決議日において大口株主およびその特別関係者に該当しなかったことの誓約書および②新株予約権の行使の日の属する年における権利者の他の新株予約権の行使の有無（行使

があった場合には当該行使に係る権利行使価額およびその行使年月日）その他の事項を記載した書面[84]を、発行会社に提出することが必要であり、提出がなければ、税制適格要件を満たさないことになる（措法29の2②）。発行会社は、これらの書面を5年間保存する必要がある（同③）。

　また、税制適格ストックオプションの要件として、権利行使により取得した株式の保管・管理についても留意が必要になる。株式の保管委託要件による場合には、権利行使により取得した株式が、取得後直ちに、一定の方法によって金融商品取引業者等の振替口座簿に記載等されることが必要になる。また、令和6年度税制改正により譲渡制限株式について認められた、発行会社による株式管理要件による場合には、発行会社による区分管理が行われることといった手続きをとる必要もある（第3章3(1)）。

4 ストックオプションの行使により取得した株式を譲渡する場合

　ストックオプションの行使により取得した株式を譲渡する場合の手続きや規制は、通常の株式の譲渡と変わらない。すなわち、株券発行会社であるか否か、譲渡制限株式か否かや（上場後にストックオプションを行使した場合や、非上場時にストックオプションを行使して取得した株式を上場後まで保有し続ける場合は、譲渡制限株式ではなくなっている）、株式の譲渡先が第三者か発行会社かで異なる。

84　全国株懇連合会は、税制適格ストックオプション用の新株予約権行使請求書のモデルを公表しており、参考になる。

株式の譲渡先が発行会社である場合、自己株式の取得として、各種の手続きや財源規制に服するが、本書の性質上省略し、第三者に譲渡する場合についてのみ概略を記載する。

(1)　株券の交付・振替

　発行会社が非上場会社である場合には、株券発行会社であるか否かによって手続きが異なる。非上場会社は、株券不発行会社であることが多い。また、発行時には非上場会社であった発行会社が株式譲渡時には上場会社となっていた場合には、いわゆる株券の電子化により、すべて振替株式となっているため、振替株式としての手続きを要する。

　まず、発行会社が株券発行会社である場合、株式譲渡は、株主と買主との間で発行会社株式に係る売買契約を締結し、買主に対して株券を交付することにより効力が発生する（会社法128①本文）。反対に、株券発行会社の株式の譲渡は、当該株式に係る株券を交付しなければ、その効力が生じず、また、株券の発行前にした譲渡は、株券発行会社に対し、その効力が生じない（同②）。したがって、株券発行会社の株式を譲渡する場合には、株券を実際に発行したうえでそれを交付しなければ、無効である（株券不所持制度を利用している場合においても、株券の発行を受けたうえで株式譲渡する必要がある）。

　他方で、発行会社が株券不発行会社である場合には、当事者間で合意した効力発生日に株式譲渡の効力が生じる。

　発行会社が上場会社である場合、振替株式の譲渡として、振替の申請により、譲受人の口座における保有欄に譲渡に係る数の増加の記載・記録がなされることにより、効力が生じる（社債株式振替法140）。

⑵　株式譲渡承認

　非上場会社の株式は、その譲渡の際に、株主総会や取締役会等の承認が必要とされる株式である、譲渡制限株式（会社法107①一）であることがほとんどである。そのため、原則として、株式譲渡の前に売主が発行会社に対して譲渡制限株式に係る譲渡承認の請求を行い、発行会社は、定款に規定された機関において譲渡承認をしておく必要がある（会社法136・139）。譲渡承認機関は、原則として、株主総会（取締役会設置会社においては、取締役会）であるが、定款に別段の定めを置くことも可能である。

　また、定款により、株主間での株式譲渡については、一定の場合に承認があったものとみなすと規定することも可能であり（会社法107②一ロ）、譲渡承認が必要である株式譲渡かについて、定款の定めを確認する必要がある。

　発行会社が譲渡承認をしない旨の決定をしたときは、請求に係る譲渡制限株式を自ら買い取るか、株式の全部または一部を買い取る者（指定買取人）を指定することになる（会社法140～144）。発行会社が一定期間内に譲渡承認をするかしないかの決定に係る通知をしない場合など、一定の場合には、発行会社が譲渡承認をしたものとみなされる（会社法144）。

　上場会社は、会社法上の公開会社（その発行する全部または一部の株式の内容として譲渡による当該株式の取得について発行会社の承認を要する旨の定款の定めを設けていない会社。会社法２五）となっており、その株式の譲渡に際して、発行会社による譲渡承認は不要である[85]。

株式譲渡に関して、株券発行会社においては株主名簿の書換えによって発行会社に対抗できることとなる（会社法130②）。第三者に対しては株券の占有により対抗できる（会社法131①）。そこで、株券発行会社においては、株券の引渡しにより決済が完了し、買主が発行会社に対して株券提示を行い、株主名簿の書換えを請求する（会社法133②、会規22②一）。

他方、株券不発行会社においては、株主名簿への記載により、発行会社および第三者に対抗できることになる（会社法130①）。したがって、株式譲渡を行う場合には株主名簿の書換えも必須である。株券不発行会社の株式譲渡においては、実務上、売主の押印済みの株主名簿の書換請求書（会社法133）が株式譲渡の決済のために必要な書面とされている。上場会社の振替口座簿の書換えについては省略する。

5　ストックオプションを譲渡する場合

(1)　第三者に譲渡する場合

税制適格ストックオプションの場合、税制適格要件の1つとして、ストックオプションの譲渡をしてはならないこととされている（措法29の2①四）。この要件は、ストックオプションの割当契約において

85　なお、上場会社の株式の譲渡に適用される金融商品取引法や取引所規則の規制を受ける。本書の性質上、詳細は省略する。上場株式を取引する際の諸規制について解説したものとして、例えば森・濱田松本法律事務所キャピタル・マーケッツ・プラクティスグループ編『上場株式取引の法務』（中央経済社、第2版、2021年）等を参照。

定められている必要がある。

　これに加えて、会社法上の新株予約権の内容として、通常は、譲渡による新株予約権の取得について発行会社の承認を要する旨の定め（譲渡制限）がなされていることが多い（会社法243②二かっこ書）。本書でも、税制適格および税制非適格ストックオプションの課税関係について検討する際に、そのような定めがなされていることを前提としている。また、有償ストックオプションについても、譲渡制限の定めがなされていることが多い。

　譲渡制限が付されたストックオプションそのものを発行会社以外の第三者に譲渡するためには、発行会社の承認により、この譲渡制限を解除する必要がある。発行会社が、譲渡制限の付された新株予約権の譲渡の承認をするか否かの決定をするには、株主総会（取締役会設置会社にあっては、取締役会）の決議によらなければならない。ただし、新株予約権の内容として別段の定めがある場合は、その定めによる（会社法265①）。

(2)　発行会社に譲渡する場合

　役職員が発行会社に対してストックオプションを譲渡（発行会社が自己新株予約権を取得）する場合、税務上は、無償での譲渡と有償での譲渡の区別が重要であった。他方、手続き上は、ストックオプションの保有者との合意に基づくものかそうでないものかによる区別が重要になる。

①　保有者と発行会社の合意に基づく取得

　ストックオプションの保有者との合意に基づき、発行会社がストッ

クオプションを取得することは、任意に行うことが可能である。無償であっても有償であっても、自己株式の取得に設けられているような規制（株主総会決議、売主追加請求や財源規制）は、ストックオプションの取得については、会社法上設けられていない。発行会社による一般的な機関決定（取締役会決議等）を経たうえで、発行会社とストックオプション保有者との間で、ストックオプションの無償または有償での取得に関する合意をすることになる。

②　保有者の意思に基づかない取得

　これに対して、ストックオプションの保有者との合意に基づかない、発行会社によるストックオプションの取得としては、取得条項付新株予約権の内容に基づくストックオプションの取得が考えられる。取得条項付新株予約権とは、当該新株予約権について、一定の事由が生じたことを条件として、一定の事由が生じた日に、発行会社がこれを取得することができることとすることを内容とする新株予約権をいう（会社法273⑦一イ）。

　一定の事由が生じた日に新株予約権の一部を取得することとする旨の取得条項を定めることも可能であり、この場合、当該取得条項に基づきストックオプションを取得するに際して、発行会社は、取得するストックオプションを決定しなければならない（会社法236①七ハ、274①）。この決定は、株主総会（取締役会設置会社にあっては、取締役会）の決議によるか、取得条項付新株予約権の内容として別段の定めがある場合はその定めにしたがうことになる（同②）[86]。当該決

---

[86]　発行会社が定める日が到来することをもって取得事由が生じたものとすることを、取得条項の内容としている場合、当該日を株主総会（取締役会設置会社にあっては、取締役会）の決議によって定めなければならない。ただし、当該取得条項付新株予約権の内容として別段の定めがある場合は、当該定めにしたがうことになる（会社法273①、236①七イ・ロ）。

定をしたときは、発行会社は、取得対象である新株予約権者およびその登録新株予約権質権者に対し、直ちに、当該取得条項付新株予約権を取得する旨を通知し、または公告しなければならない（同③④）。

6　ストックオプションが消滅する場合

　ストックオプションが消滅する場合として、①発行会社が保有する自己新株予約権の消却、②保有者が行使できなくなった場合、③保有者による放棄といった場合がある。

　まず、発行会社は、自ら取得して保有している新株予約権（自己新株予約権）を消却することができる（会社法276①前段）。消却によって自己新株予約権は消滅する。この場合においては、消却する自己新株予約権の内容および数を定めなければならない。この決定は、取締役会設置会社においては、取締役会の決議によらなければならない（同①後段・②）[87]。

　また、発行会社以外の者が保有している新株予約権について、保有者がその有する新株予約権を行使することができなくなったときは、当該新株予約権は消滅する（会社法287）。例えば、ストックオプションの行使の条件として、付与された役職員が付与時から一定期間経過する前に退任したときには当該新株予約権を行使することができない旨の解除条件（ベスティングないしリバース・ベスティング）が付さ

---

[87]　取締役会非設置会社においては、消却する自己新株予約権の内容および数の決定を取締役の過半数により決定できるのか、株主総会決議を要するのか、文言上は必ずしもはっきりしない。登記実務は、取締役の過半数による決定（会社法348②）によることで足りると解している（松井信憲『商業登記ハンドブック』183、369頁（商事法務、第5版、2021年））。

れている場合、当該役職員がベスティング期間経過前に退任して権利を行使することができないことが確定すると、その時点で当該新株予約権は消滅する[88]。

このほか、ストックオプションは、保有者が会社に対し権利の放棄の意思表示をすることによっても消滅するものと解されている[89]。

[88] 江頭憲治郎編『会社法コンメンタール6　新株予約権』314頁（商事法務、2020年）参照。ただし、実務上は、ストックオプションの保有者に対して放棄の意思表示をする書面の交付をすることを投資契約に定めたり、権利を行使することができなくなったことを無償取得事由としたりすることもある。

[89] 前掲注87）松井・372頁。

第2部

発展編

第1章

グループ内でストック
オプションを付与した場合

1 概要

　非上場会社においても、事業の多角化などにより、持株会社化している場合がある。その場合、子会社の役職員に対してもインセンティブプランとして、親会社のストックオプションを付与したいというニーズもある。子会社の役職員が親会社の役職員を兼務しているなどにより、親会社に対しても役務を提供していると評価できる場合には、第1部で述べた課税関係と同一となる。

　しかし、付与対象者が子会社のプロパー役職員であり、子会社のみに役務提供をしている場合、親会社は役務提供を受けていないにもかかわらず、子会社の役職員に対してストックオプションを付与することになるため、各当事者の課税関係が問題となる。本章では、完全親会社が完全子会社のプロパー役職員に対してストックオプションを付与する場合において、各場面における課税関係を説明する。

　なお、有償ストックオプションを付与する場合には、役職員が役務提供先である子会社ではなく、親会社に対して公正な評価額を払い込むという違いしかなく、第1部第4章で解説した課税関係と同一であるため、本章では親会社が子会社の役職員に対して税制非適格ストックオプションまたは税制適格ストックオプションを付与する場合に限定して説明する。

2　子会社の役職員に対して ストックオプションを付与した場合

　課税関係を検討する前提として、親会社が子会社の役職員に対してストックオプションを付与する法的構成としては、以下の3つが考えられる。

(a)　親会社が子会社の役職員に対する報酬債務を引き受け、役職員が当該報酬債務を払い込むことによりストックオプションを付与する方法（債務引受方式）[90]

(b)　子会社の役職員が親会社に対し、子会社に対して有する報酬債務を現物出資してストックオプションの付与を受ける方法（現物出資方式）

(c)　親会社が子会社の付与対象者に対して無償でストックオプションを付与する方法（無償方式）

　このうち、無償方式は、親会社において新株予約権の有利発行に該当することになるため、通常採用されることはないと思われる。

　債務引受方式の模式図は、以下のとおりである。

---

[90]　質疑応答事例「役員退職金制度の廃止に伴い親会社から発行される新株予約権の課税関係」（https://www.nta.go.jp/law/shitsugi/gensen/04/10.htm）は債務引受方式を前提としている。

【債務引受方式の模式図】

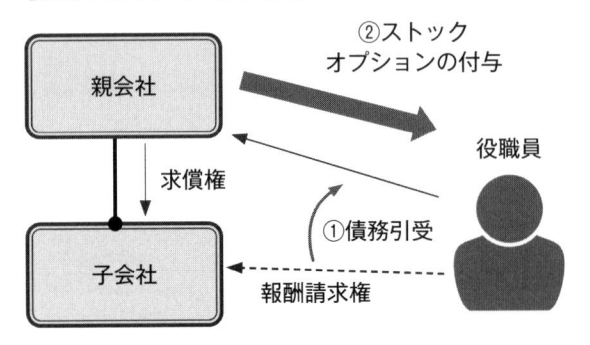

他方、現物出資方式の模式図は、以下のとおりである。

【現物出資方式の模式図】

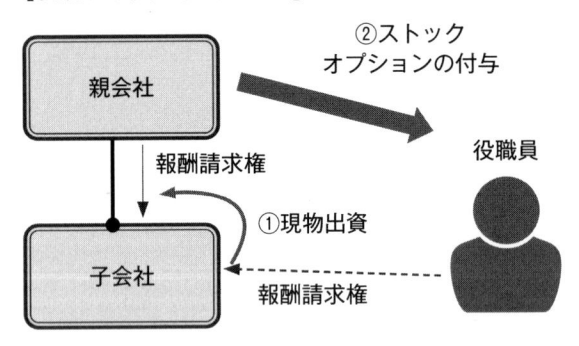

(1) 役職員の課税関係

　親会社のストックオプションを付与された子会社の役職員については、債務引受方式および現物出資方式のいずれにおいても子会社から金銭債権の付与を受けているものの、ストックオプションの払込金との相殺または現物出資に供する目的においてのみ生ずるものとされているとともに、権利行使がされるまではストックオプションに係る経

済的利益は実現しないことから、所得税は課税されないと解される。

(2)　親会社の課税関係

　債務引受方式を採用した場合、親会社がいったん子会社の報酬支払債務を引き受けたうえ、当該報酬支払債務をもってストックオプションの払込みが行われるため、次のような仕訳となる。

【債務引受方式の税務仕訳】

借方	金額	貸方	金額
子会社に対する未収金	××円	前払費用	××円
前払費用	××円	新株予約権	××円

　他方、現物出資方式を採用した場合には、役職者がストックオプションの払込みとして子会社に対する請求権を現物出資するため、次のような仕訳となる。

【現物出資方式の税務仕訳】

借方	金額	貸方	金額
子会社に対する未収金	××円	新株予約権	××円

　以上の仕訳から理解できるように、親会社においては損益が生じず、ストックオプションの付与時において課税関係は生じない。
　また、親会社と子会社との間で費用の精算をする場合、以下の税務仕訳となる。

借方	金額	貸方	金額
現預金	××円	子会社に対する未収金	××円

　親会社と子会社との間で精算を行わない場合、親会社において寄附金、子会社において受贈益が生じることになるが、完全支配関係にある親会社と子会社間であれば、グループ法人税制により、課税関係は生じない（法法25の2①、37②）。他方で、グループ法人税制が適用されない場合には、親会社において寄附金として損金算入されず、子会社において受贈益として益金算入される可能性がある。

(3)　子会社の課税関係

　子会社においては、債務引受方式および現物出資方式のいずれであっても、付与対象者に対する前払費用が親会社に対する未払金になる（支払先が変更になる）のみである。
　したがって、債務引受方式と現物出資方式のいずれを採用した場合であっても、次のような仕訳となる。

借方	金額	貸方	金額
前払費用	××円	親会社に対する未払金	××円

　また、親会社と子会社との間で精算をする場合、以下の税務仕訳となる。

借方	金額	貸方	金額
親会社に対する未払金	××円	現預金	××円

　なお、親会社と子会社との間で精算を行わない場合の課税関係については、上記(2)で述べたとおりである。

　子会社で計上する前払費用について、いつのタイミングで損金算入できるか、という点が問題となる。この点について、子会社が親会社に対して未払金を支払った時に損金算入できるとの考え方もあり得る。しかし、子会社の役職員に対して付与されたストックオプションについても、法人税法54条の2第1項が適用されると考えられるため[91]、親会社に支払ったタイミングでは損金算入できないと思われる。

3　子会社の役職員がストックオプションを行使した場合

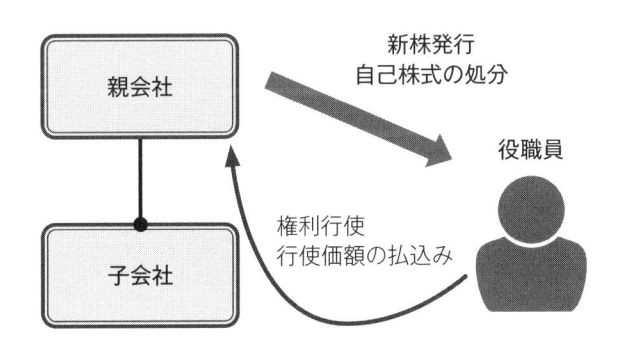

(1)　役職員の課税関係

　子会社の役職員に対して付与されたストックオプションが税制非適

91　松尾拓也＝西村美智子＝中島礼子編著『インセンティブ報酬の法務・税務・会計』219頁（中央経済社、2017年、共著）参照。

格ストックオプションである場合、原則として、給与所得または退職所得として課税される（所令84③二）。他方、子会社の役職員に対して付与されたストックオプションが税制適格ストックオプションである場合、役職員に対して課税は生じない（措法29の2①）。

　もっとも、子会社の役職員に対するストックオプションが税制適格ストックオプションとなるためには、税制適格要件として、親会社が子会社の発行済株式総数の50％超を直接または間接に保有していることという要件が課されている（措令19の3②）。この直接または間接に保有しているかどうかの判定については、直接保有の株式の保有割合と間接保有の株式の保有割合を合計した割合により行うものとされており（措令19の3②後段）、間接保有の株式の保有割合は、保有割合を乗じずに計算する点に留意が必要である。

　なお、親会社が上場会社である場合、子会社の役職員は、税制非適格ストックオプションの権利を行使して取得した株式について、特定口座に受け入れることが可能である。

⑵　**親会社の課税関係**

　子会社の役職員が親会社のストックオプションの権利を行使した場合、親会社において、株式を新規に発行し、または自己株式の処分を行うことになる[92]。また、当該権利行使により、権利行使価額と新株予約権の帳簿価額の合計額が資本金等の額に計上され（法令8①二）、親会社において損金算入できる金額はない。

92　資本金の額が増加する場合には、登録免許税が課税されることになる。

【税務仕訳】

借方	金額	貸方	金額
現金（権利行使価額）	××円	資本金等の額	××円
新株予約権	××円		

　また、親会社は、新株予約権の行使に関する調書を提出する必要がある（所法228の２）。親会社として、子会社の役職員のマイナンバーを含む情報を収集する必要がある点に留意が必要である[93]。

⑶　子会社の課税関係

　上記２⑶で述べたとおり、子会社の役職員に対して付与されたストックオプションには、法人税法54条の２が適用されることになるため、給与等課税事由が生じた日において、役務提供を受けたものとして損金算入の可否を検討することになる。そして、付与対象者が子会社の役員か従業員か、ストックオプションが税制適格か非適格かによって、損金算入の可否が異なる。ただし、親会社が上場会社であり、かつ、親会社が「関係法人」[94]の要件を満たす場合には、税制非適格ストックオプションについて、当該ストックオプションが「適格新株予約権」に該当し、子会社の役員についても、子会社において損金算入できる余地がある（法法34①二ハ）。

93　なお、親会社が、子会社の従業員に対しストックオプションを交付している場合、親会社は、従業員が子会社に入社した時点で、当該従業員に対してマイナンバーの提供を求めることはできると解されている（個人情報保護委員会ＦＡＱ４－３参照
https://www.ppc.go.jp/all_faq_index/faq5-q4-3/）。

94　「関係法人」とは、ストックオプションの付与決議からストックオプションの権利行使が可能となる日までの間、内国法人との間に支配関係（発行済株式総数の50％超）が継続することが見込まれている他の内国法人をいう（法法34⑦、法令71の２）。

	子会社の役員の場合	子会社の従業員の場合
税制非適格 ストックオプション	原則として損金算入不可 （親会社が上場会社である場合、適格新株予約権に該当し、損金算入の余地がある）	損金算入可
税制適格 ストックオプション	損金算入不可 （給与等課税事由が生じない）	同左

　子会社は、役職員が税制非適格ストックオプションを行使した場合、役職員に給与所得等が生じることから、子会社は、「給与等の支払いをする者」（所法183）として源泉徴収義務を負うと考えられる[95]。したがって、子会社は役職員に対して源泉徴収相当額に係る求償権を行使する必要があり、子会社が当該役職員に対して支給する現金給与と相殺することになると思われる。

質疑応答事例

　役員退職金制度の廃止に伴い親会社から発行される新株予約権の課税関係

【照会要旨】

　Ａ社及びその子会社３社では、本年６月開催の株主総会において、役員に対する退職慰労金制度を廃止し、それぞれの固定報酬とは別枠で翌年の株主総会までの１年分の職務執行の対価としてＡ社の新株予約権を付与することが決議されました。

　具体的には、Ａ社、子会社及び子会社の役員の三者間による報

95　質疑応答事例「役員退職金制度の廃止に伴い親会社から発行される新株予約権の課税関係」（https://www.nta.go.jp/law/shitsugi/gensen/04/10.htm）は、子会社が源泉徴収義務を負うとの見解を明らかにしている。

酬債務の債務引受契約により、Ａ社が子会社の役員に対する報酬債務について重畳的債務引受を行い（Ａ社は、その報酬債務について対外的には連帯債務者となりますが、子会社との内部関係においてＡ社の負担部分は０円とし、Ａ社がその報酬債務を負担することにより取得した求償権に基づき、その報酬債務相当額が子会社からＡ社に弁済されます。）、役員はその報酬債権との相殺によりＡ社から新株予約権の割当てを受けることとなります。

なお、この新株予約権については、権利行使価額を１円とし、譲渡制限が付されるほか、役員を退任した日の翌日以降10日間以内に一括して行使することが条件となっています。

子会社の役員が、この新株予約権の権利行使をしたときの課税関係はどのようになりますか。

【回答要旨】

権利行使益（権利行使時における株価から権利行使価額1円を控除した金額）は、退職所得として課税対象となります。また、その退職所得については、子会社が源泉徴収義務者として源泉徴収をする必要があります。

(1)　所得区分

照会の新株予約権は、親会社であるＡ社から割り当てられるものですが、子会社の役員の地位に基づき、その役務提供の対価（報酬）として与えられ、その権利行使益については、その職務遂行に対する対価としての性質を有しますので、給与等に該当します。

また、照会の制度は、従前の退職慰労金制度の代替として設けられ、翌年の株主総会までの期間に係る役員の職務執行の対価と

して割り当てられるものであるとともに、その権利行使は役員を退任した日後10日間以内に限り一括して行うことが条件とされています。

　したがって、照会の新株予約権に係る権利行使益は、役員が退職したことに基因して一時に支払われることとなった給与等と認められますので、退職所得に該当します（所得税法第30条第1項、所得税基本通達30－1）。

(2)　源泉徴収義務

　居住者に対し国内において退職手当等の支払をする者は、その支払の際に所得税を徴収しこれを納付しなければなりません（所得税法第199条）。

　照会の場合、子会社は、単に新株予約権の発行に係る費用負担をするだけでなく、役員に対してその退任後にストックオプションに係る経済的利益を与えることを目的として、新株予約権に関する報酬を株主総会で決議するとともに、債務引受契約等を通じ、A社から新株予約権が発行され、その権利行使によって株式が交付されることとなっています。これらのことからすると、新株予約権に係る経済的利益（権利行使益）については、子会社からその役員に与えられた給付に当たり、A社は子会社の指図に基づき株式の交付を行っているにすぎず、子会社が権利行使益（退職所得）について、その支払者として源泉徴収義務を負うことになります。

【関係法令通達】

所得税法第30条、第199条、所得税基本通達30－1

4 子会社の役職員がストックオプションを行使して取得した株式を譲渡した場合

(1) 役職員の課税関係

　子会社の役職員がストックオプションの権利を行使することにより取得した株式を譲渡した場合、譲渡価額と株式の取得価額（所令109①三）との差額が株式等に係る譲渡所得等に該当し、申告分離課税の対象となる（措法37の10。親会社が上場している場合には、措法37の11）。なお、子会社の役職員が税制非適格ストックオプションの権利行使により取得した株式を特定口座に受け入れていた場合、確定申告を不要とすることも可能である。

(2) 親会社の課税関係

　親会社にとっては、株主に異動が生じるのみであるため、特段の課税関係は生じない。

(3) 子会社の課税関係

　子会社にとっては、親会社の株主に異動が生じるのみであるため、特に課税関係は生じない。

5　子会社の役職員がストックオプションを譲渡した場合

(1)　第三者に譲渡した場合

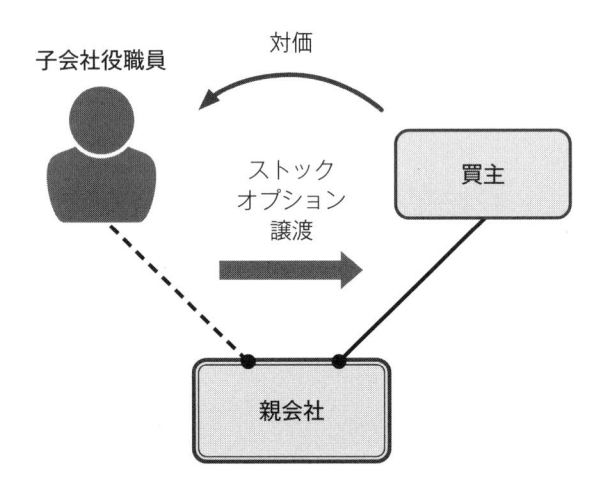

①　役職員の課税関係

　子会社の役職員が第三者に対して親会社から付与されたストックオプション（譲渡制限付）を譲渡する場合、親会社の承認により、この譲渡制限を解除してもらう必要がある。

　もっとも、譲渡制限を解除した場合、付与されたストックオプションが税制非適格ストックオプションまたは税制適格ストックオプションのいずれであっても、役職員には、解除時において、当該ストックオプションの時価相当額の給与所得等の課税が生じることになる。

②　親会社の課税関係

　子会社の役職員が第三者に対してストックオプションを譲渡するために、親会社が譲渡制限を解除した場合、親会社において特に課税は

生じない。

③　子会社の課税関係

　子会社の役職員において、給与等課税事由が生じた日において、役務提供を受けたものとして課税関係を検討することになる（法法54の２①）。親会社が税制非適格または税制適格ストックオプションの譲渡制限を解除したタイミングで、役職員において給与所得等の課税が生じ、給与等課税事由が発生することになるため、子会社において損金算入の可否を検討することになる。

【税務仕訳】

借方	金額	貸方	金額
役職員報酬	××円	前払費用	××円

　また、役職員に給与所得等が生じる場合、子会社において、源泉徴収が必要であることについて、上記３⑶参照。

⑵　親会社に譲渡した場合

　親会社から付与されたストックオプションを親会社に譲渡する場合については、無償で譲渡する場合と有償で譲渡する場合が考えられる。

①　無償で譲渡する場合

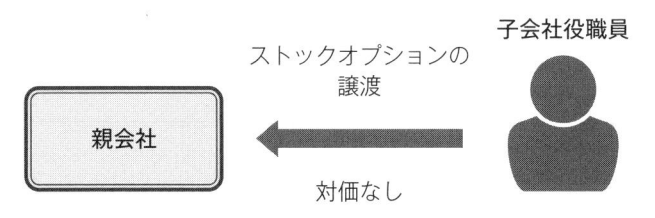

無償で譲渡する場合とは、典型的には、一定の事由が生じたときに、発行会社が税制非適格または税制適格ストックオプションを無償で取得できるという条項に基づくものである（無償取得条項については、第1部第2章5(2)①参照）。無償取得事由が生じた場合、ストックオプションについては、発行会社である親会社によって無償取得され、役職員は経済的利益を得ることはないため、役職員において所得は発生しないと考えられる。

　親会社においては、無償でストックオプションを取得することになるため、課税関係は生じない。

　また、子会社においては、給与等課税事由も生じないことから、以下の税務仕訳になると思われる。

【税務仕訳】

借方	金額	貸方	金額
役職員報酬（損金不算入）	××円	前払費用	××円

②　有償で譲渡した場合

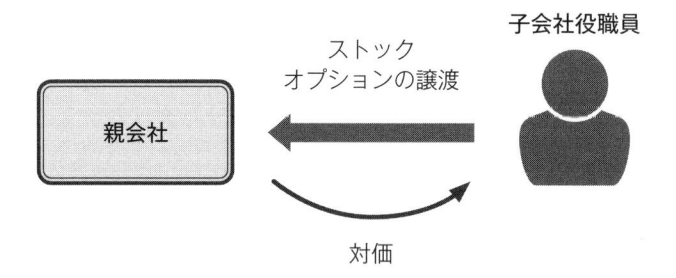

(i)　役職員の課税関係

　ストックオプションの発行会社である親会社がストックオプションを買い取る場合、会社法上、譲渡制限を解除する必要はない。しかし、

所得税法上、役職員が発行会社に対してストックオプションを譲渡し、対価を収受した場合、その対価は給与所得等として課税されることになる（所法41の２。税制適格ストックオプションについては議論があるものの、税務当局の見解は税制非適格ストックオプションと同様であることについて、第１部第３章５⑵②（ⅰ）参照）。

(ⅱ)　親会社の課税関係

親会社は、有償でストックオプションを取得することになるため、以下の税務仕訳となり、特に課税関係は生じない。

【税務仕訳】

借方	金額	貸方	金額
自己新株予約権	××円	現預金	××円

(ⅲ)　子会社の課税関係

親会社が役職員からストックオプションを取得したタイミングで役職員が給与所得等として課税されるため、給与等課税事由が生じたことになり、子会社において、損金算入の可否を検討することになる。

【税務仕訳】

借方	金額	貸方	金額
役職員報酬	××円	前払費用	××円

また、役職員に給与所得等が生じる場合に、子会社において源泉徴収が必要であることについて、上記３⑶参照。

6 ストックオプションが消滅した場合

(1) 役職員の課税関係

役職員には特に課税関係は生じない。

(2) 親会社の課税関係

　ストックオプションが消滅した場合、親会社においては、以下の税務仕訳となる。

【税務仕訳】

借方	金額	貸方	金額
新株予約権	××円	新株予約権消滅益 （益金不算入）	××円

　ストックオプションの付与を受けた者が権利行使せずにストックオプションが消滅した場合、親会社において新株予約権消滅益は生じるものの、税務上は、益金の額に算入する必要はない（法法54の2③）。

(3) 子会社の課税関係

　子会社においては、前払費用として計上していた金額を取り崩し、同額を役職員報酬として処理するものの、税務上は、損金不算入とされる（法法54の2②）。

【税務仕訳】

借方	金額	貸方	金額
役職員報酬（損金不算入）	××円	前払費用	××円

第 2 章

非居住者に対して
ストックオプションを
付与した場合

企業のグローバル展開が進むなか、海外支店や海外子会社を有する非上場会社が増えている。また、家族の事情等により、海外居住者（非居住者）が日本企業においてリモートで勤務をするという就労形態も増えている。このように、非上場会社においても、海外に居住する役職員に対してもストックオプションを付与したいというニーズもある。しかし、非居住者に対してストックオプションを付与する場合、現地の法制および税制上、主として以下のようなさまざまなハードルがある。

規制の項目	概要
労働法規制	現地の労働法において、従業員に対してストックオプションを付与することが賃金規制との関係で問題が生じないか。
個人情報保護規制	日本企業が現地の役職員に対してストックオプションを発行することが個人情報保護規制との関係で問題が生じないか。
証券法規制	現地の証券法において、ストックオプションの付与が有価証券の募集・勧誘として開示規制の対象とならないか。
投資規制	現地の投資法（日本でいう外為法）において、日本企業が発行するストックオプションの保有・権利行使・譲渡が許されるか。
税制	現地の税制において、ストックオプションを付与した場合、給与所得として課税されるか。

　また、仮に非居住者である役職員に対するストックオプションの付与時において非上場会社であったものの、当該役職員が付与されたストックオプションを行使する時までに、発行会社が上場していた場合、非居住者が日本で発行会社の株式を管理する証券口座を開設できるか、という実務上の問題も生じる[96]。

　本章では、そもそも非居住者の所得税の課税関係を説明したうえ、日本の非上場会社が非居住者に対してストックオプションを付与した場合における日本での課税関係を解説する[97]。

96　これらのハードルがあるため、非居住者である役職員に対しては、ストックオプションではなく、ファントムストックなどの金銭報酬とすることもある。

(1) 国内法の取扱い

① 納税義務および課税の範囲

　非居住者に対する我が国の課税制度の概要は、次の表のとおりである。

個人の区分		内容	課税範囲	課税方法
居住者	非永住者以外の居住者	国内に住所を有し、または現在まで引き続いて1年以上居所を有する個人のうち、非永住者以外の個人	国内および国外において生じたすべての所得（所法7一）	申告納税または源泉徴収
	非永住者	日本の国籍を有しておらず、かつ、過去10年以内において国内に住所または居所を有していた期間が5年以下である個人	所得税法95条1項・4項（外国税額控除）に規定する国外源泉所得以外の所得および国外源泉所得で国内において支払われ、または国外から送金されたもの（所法7二）	同上
非居住者		居住者以外の個人	国内源泉所得（所法7三）	同上

　「居住者」とは、国内（所得税法の施行地を指す（所法2①一））に住所を有し、または、現在まで引き続いて1年以上居所を有する個人である（所法2①三）[98]。居住者のうち、日本の国籍を有しておらず、かつ、過去10年以内において国内に住所または居所を有していた期

---

[97]　なお、もともと日本の居住者だった者が海外赴任等の事情により、非居住者である期間があった場合の取扱いについて、国内法の課税タイミングにおいて居住者であれば、日本で通常の居住者として課税され、仮に外国で課税された税額があれば、外国税額控除の対象となるかという点が問題となる。本書ではこの点の説明については省略する。

[98]　「住所」とは、個人の生活の本拠、すなわち、その者の社会生活上の諸問題を処理する拠点となる地をいう。生活の本拠であるか否かは、客観的な事実により判定されることになる（所基通2-1）。また、「居所」とは、相当期間継続して生活しているものの、その場所との結びつきが生活の本拠とまでは至らない場所である。

間の合計が5年以下である個人を「非永住者」という（所法2①四）。一方、「非居住者」とは、居住者以外の個人をいう（所法2①五）。

　また、非居住者において課税対象となり得る「国内源泉所得」については、以下の表のとおりである[99]。

所得の種類 （所法161①）／非居住者の区分 （所法164①）	恒久的施設を有する者		恒久的施設を 有しない者 （所法164①二、②二）	源泉 徴収 （所法 212① 213①）
	恒久的施設 帰属所得 （所法164①一イ）	その他の 国内源泉所得 （所法164①一ロ、②一）		
（事業所得）	【総合課税】 （所法161①一）	【課税対象外】		無
① 資産の運用・保有により生ずる所得 （所法161①二） ※下記⑦～⑮に該当するものを除く。		【総合課税（一部）（注2）】		無
② 資産の譲渡により生ずる所得 （〃　　三）				無
③ 組合契約事業利益の配分 （〃　　四）	【源泉徴収の上、 総合課税】 （所法161①一）	【課税対象外】		20.42%
④ 土地等の譲渡対価 （〃　　五）		【源泉徴収の上、総合課税】		10.21%
⑤ 人的役務の提供事業の対価 （〃　　六）				20.42%
⑥ 不動産の賃貸料等 （〃　　七）				20.42%
⑦ 利子等　　　（〃　　八）		【源泉分離課税】		15.315%
⑧ 配当等　　　（〃　　九）				20.42%
⑨ 貸付金利子　（〃　　十）				20.42%
⑩ 使用料等　　（〃　　十一）				20.42%
⑪ 給与その他人的役務の提供に対する報酬、公的年金等、退職手当等 （〃　　十二）				20.42%
⑫ 事業の広告宣伝のための賞金 （〃　　十三）				20.42%
⑬ 生命保険契約に基づく年金等 （〃　　十四）				20.42%
⑭ 定期積金の給付補填金等 （〃　　十五）				15.315%
⑮ 匿名組合契約等に基づく利益の分配 （〃　　十六）				20.42%
⑯ その他の国内源泉所得 （〃　　十七）	【総合課税】 （所法161①一）	【総合課税】		無

（注）
1　恒久的施設帰属所得が、上記の表①から⑯までに掲げる国内源泉所得に重複して該当する場合があることに留意する。
2　上記の表②資産の譲渡により生ずる所得のうち恒久的施設帰属所得に該当する所得以外のものについては、法人税法施行令281条1項1号から8号までに掲げるもののみ課税される。
3　租税特別措置法の規定により、上記の表において総合課税の対象とされる所得のうち一定のものについては、申告分離課税または源泉分離課税の対象とされる場合があることに留意する。
4　租税特別措置法の規定により、上記の表における源泉徴収税率のうち一定の所得に係るものについては、軽減または免除される場合があることに留意する。

99　国税庁「令和6年版源泉徴収のあらまし」（https://www.nta.go.jp/publication/pamph/gensen/aramashi2023/pdf/12.pdf）277頁参照。

②　国内源泉所得に該当する給与・報酬および株式の譲渡所得

非居住者の給与・報酬については、以下のものが国内源泉所得に該当する（所法161①十二）。

> (a)　俸給、給料、賃金、歳費、賞与またはこれらの性質を有する給与その他人的役務の提供に対する報酬のうち、国内において行う勤務その他の人的役務の提供[100]（内国法人の役員として国外において行う勤務を含む。）に基因するもの。役員については、国外における勤務も国内勤務に含まれることになるが、使用人兼務役員については、常時使用人として勤務を行う場合の国外における勤務は国内勤務に含まれない（所令285①一）。
>
> (b)　公的年金等（外国の法令等に基づき支給される年金を除く。）（所令285①二）
>
> (c)　退職手当等のうち、その受給者が居住者であった期間に行った勤務その他の人的役務の提供に基因するもの（所令285①三）

上記(a)のとおり、非居住者が内国法人の従業員である場合には、国内において行う勤務に基因する給与が国内源泉所得に該当する。勤務が国内と国外にわたって行われた場合には、原則として、以下の計算式により計算される（所基通161 – 41）。

$$\text{給与又は報酬の総額} \times \frac{\text{国内において行った勤務又は人的役務の提供の期間}}{\text{給与又は報酬の総額の計算の基礎となった期間}}$$

---

[100]　「人的役務の提供」は、国内において自己の役務を主たる内容とする役務の提供をいい、主として自由職業者が受ける報酬（弁護士、映画・演劇の俳優、プロボクサー、通訳など）をいう。

他方で、非居住者が内国法人の役員である場合には、国外で勤務を
している場合（例えば、内国法人の海外支店勤務）であっても、給与・
報酬の全額が国内源泉所得に該当する。もっとも、役員が使用人兼務
であり、常時使用人として海外で勤務を行う場合には、国内勤務に含
まれず、国内源泉所得には該当しないとされている。常時使用人とし
て海外で勤務を行う場合に関して、所得税基本通達161－42は、「内
国法人の役員が内国法人の海外にある支店の長として常時その支店に
勤務するような場合をいい、例えば、非居住者である内国法人の役員
が、その内国法人の非常勤役員として海外において情報の提供、商取
引の側面的援助等を行っているにすぎない場合は、これに該当しない
ことに留意する。」と説明している。また、役員が海外支店ではなく
海外子会社にて勤務している場合には、一定の要件のもと、海外支店
の勤務と同様に国内源泉所得に該当しないこととされている（所基通
161－43）。

　非居住者が内国法人の発行する株式を譲渡した場合、国内の不動産
の譲渡益や、不動産化体株式（国内にある不動産が総資産の50％以
上である法人が発行する一定の株式）[101]や事業譲渡類似株式（内国
法人の発行済株式の25％以上を有する者が、その発行済株式の5％
以上の譲渡を行う場合の株式）[102]の譲渡益など、所得税法施行令第
281条第1項に列挙された資産の譲渡のみが国内源泉所得に該当する。

---

[101]　不動産の譲渡益が課税であるのに対して、株式の譲渡益が原則国内源泉所得に該当しない
　　　ことを受け、不動産を譲渡する代わりに不動産保有法人を設立してその法人の株式を譲渡
　　　して課税を免れる行為を防ぐため、平成17年度税制改正で追加されたものである。ただ
　　　し、所有割合2％以下の非上場株式や所有割合5％以下の上場株式の譲渡の場合は国内源
　　　泉所得に該当しない（所令281⑨）。

[102]　組合を通じて株式を所有している場合には、個々の組合員ごとではなく、組合単位で保有
　　　割合等を判定するが（所令281⑩三）、一定の要件を充足する組合については、個々の組
　　　合員ごとに判定される（措令26の31）。

③　課税の方法

　国内源泉所得に該当する給与・報酬については、他の所得と区分して課税が行われる（分離課税。所法164②、169）[103]。これらの所得は、国内において支払われる場合、源泉徴収の対象とされている（所法212①）。さらに、分離課税の税率（所法170）と源泉徴収税率（所法213①一・三）が同じ20％に設定されている[104]。このため、所得税の源泉徴収によってすべての課税関係を終了することになる（源泉分離課税）[105]。

　他方で、株式の譲渡所得については、申告課税となるため、納税管理人を選任したうえで、申告書を提出し、所得税を納付する必要がある。

(2)　租税条約上の取扱い

　上記で説明した日本の国内法における国内源泉所得の範囲ならびに源泉徴収税率は、租税条約によって変更されることがある（所法162）。そこで、日本と役職員が居住する外国との間で、租税条約が締結されているかどうかを確認したうえで、租税条約の適用関係を検討する必要がある。

　例えば、日米租税条約において、従業員の給与に関する課税に関し、次のように規定されている（米国居住者が内国法人から給与を支給される場合には、「一方の締約国」は米国を指し、「他方の締約国」は日

103　本章では、非居住者である役職員が日本国内において、支店等の恒久的施設（所法２八の四）を有していないことを前提とする。

104　源泉徴収の対象とされている所得については、源泉徴収の際に復興特別所得税も源泉徴収する必要があるが、本書では引用を省略する。

105　分離課税で例外的に申告義務を負う場合がある（所法161十二イまたはハに規定する給与または報酬につき、源泉徴収を受けない場合）（所法172①）。

本を指す）。

14条

1　次条、第17条及び第18条の規定が適用される場合を除くほか、一方の締約国の居住者がその勤務について取得する給料、賃金その他これらに類する報酬に対しては、勤務が他方の締約国内において行われない限り、当該一方の締約国においてのみ租税を課することができる。勤務が他方の締約国内において行われる場合には、当該勤務から生ずる報酬に対しては、当該他方の締約国において租税を課することができる。

2　1の規定にかかわらず、一方の締約国の居住者が他方の締約国内において行う勤務について取得する報酬に対しては、次の(a)から(c)までに掲げる要件を満たす場合には、当該一方の締約国においてのみ租税を課することができる。

(a)　当該課税年度において開始又は終了するいずれの12箇月の期間においても、報酬の受領者が当該他方の締約国内に滞在する期間が合計183日を超えないこと。

(b)　報酬が当該他方の締約国の居住者でない雇用者又はこれに代わる者から支払われるものであること。

(c)　報酬が雇用者の当該他方の締約国内に有する恒久的施設によって負担されるものでないこと。

3　1及び2の規定にかかわらず、一方の締約国の企業が国際運輸に運用する船舶又は航空機内において行われる勤務に係る報酬に対しては、当該一方の締約国において租税を課することができる。

　日本の国内法上、内国法人の従業員である非居住者につき、給与が国内源泉所得に該当したとしても、日米租税条約が適用される場合、非居住者は、日米租税条約14条2項が定める要件を満たすと、日本では課税されないことになる。

　他方、役員の給与・報酬について、日米租税条約は、次のように定めている。

15条

　一方の締約国の居住者が他方の締約国の居住者である法人の役員の資格で取得する役員報酬その他これに類する支払金に対しては、当該他方の締約国において租税を課することができる。

　この規定は、日本の国内法と同内容であることから、国内源泉所得の範囲は変更されず、国内法どおりに課税されることになる。

　また、株式の譲渡所得については、租税条約上、譲渡した者の居住地国のみで課税が認められる例が多いものの、国内法と同様に、不動産化体株式や事業譲渡類似株式の譲渡について、源泉地国である日本での課税が認められる例もある（日本・シンガポール租税条約13④(b)）。

2 ストックオプションにより生じた非居住者の所得に対する課税

　非居住者の給与・報酬および株式の譲渡所得に関し、日本での原則的な課税関係については、上記で説明したとおりである。以下では、ストックオプションにより生じた所得の日本での課税関係について以下で説明する。

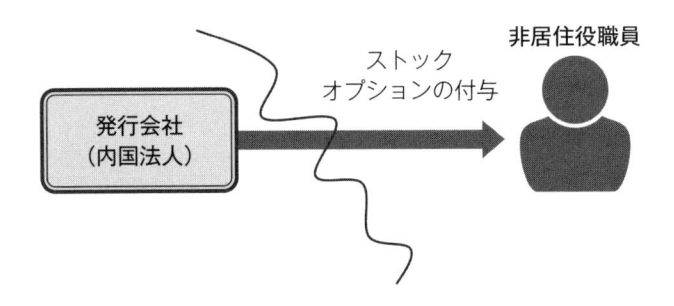

(1)　税制非適格ストックオプションの場合

①　非居住者が税制非適格ストックオプションを付与された場合
　非居住者が内国法人から税制非適格ストックオプションの付与を受けた場合、居住者と同様、そもそも所得は発生しないため、日本で課税は生じない。

②　非居住者が税制非適格ストックオプションを行使した場合
　非居住者が内国法人から付与された税制非適格ストックオプションを行使した場合、当該権利行使により取得した株式の時価と権利行使価額との差額（権利行使益）のうち、権利付与から権利行使までの期

間に占める国内勤務期間の割合に応じた金額が国内源泉所得に該当し、源泉分離課税に服することになる（所法161①十二イ、164②二）[106]。この場合に、税制非適格ストックオプションを付与した発行会社は20.42％の税率で源泉徴収義務を負うことになる（所法212①、213①一）。

　また、非居住者が内国法人の役員であるときは、上記のとおり、勤務地が日本国外であったとしても、当該人的役務の提供に係る所得は国内源泉所得として取り扱われるため（所法161①十二イ）、権利行使益の全額が国内源泉所得として源泉徴収の対象となる。発行会社においても、非居住者のストックオプションの行使時に給与等課税事由が生じ（法令111の3②）、損金算入できる可能性がある。

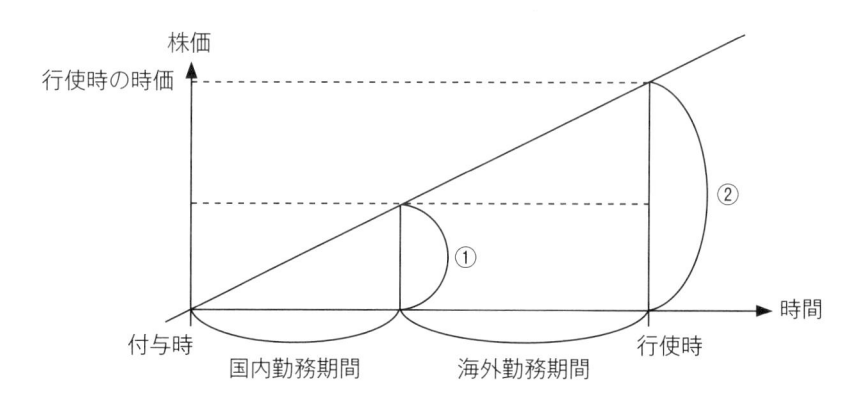

非居住者が従業員の場合	①の部分（国内勤務期間相当額）のみが国内源泉所得に該当し、源泉分離課税
非居住者が役員の場合	②の部分（権利行使益全額）が国内源泉所得に該当し、源泉分離課税

106　なお、退職所得に該当する場合、源泉分離課税ではなく、確定申告書を提出することにより、居住者と同様の課税方法を選択することも可能である（所法171、173）。

③ 非居住者が税制非適格ストックオプションを行使して取得した株
式を譲渡した場合

　非居住者が税制非適格ストックオプションの権利行使により取得し
た株式を譲渡した場合、発行会社が総資産の50％以上に相当する国
内不動産を保有していることは少なく、また、権利行使後に発行会社
の発行済株式総数の25％以上を保有し、事業譲渡類似株式譲渡に該
当することは想定されないため、株式譲渡に係る所得については、原
則として課税されないと思われる。

(2)　税制適格ストックオプションの場合

① 非居住者が税制適格ストックオプションを付与された場合

　非居住者が内国法人から税制適格ストックオプションの付与を受け
た場合[107]、居住者と同様、そもそも所得は発生しないため、日本で
課税は生じない。

② 非居住者が税制適格ストックオプションを行使した場合

　租税特別措置法29条の2の規定は、居住者に限定されたものでは
ないため、非居住者が権利行使をした場合についても適用がある。し
たがって、非居住者が税制適格ストックオプションの権利行使をした
場合、日本において課税関係は生じず、発行会社も損金算入できない。

③ 非居住者が税制適格ストックオプションを行使して取得した株式
を譲渡した場合

　他方で、非居住者が税制適格ストックオプションの権利行使により

107　なお、国外上場株式の税制適格要件のうち、保管委託要件については、文書回答事例「国
外上場株式の税制適格ストックオプションの保管委託要件の適用について」
（https://www.nta.go.jp/about/organization/tokyo/bunshokaito/shotoku/111121/02.
htm）がある。

取得した株式を譲渡した場合、当該所得は国内にある資産の譲渡により生じる所得とされ（措令19の3㉕、所令281①四ロ）、以下の図の③の部分から権利行使価額等を控除した譲渡所得について、15.315%の申告分離課税の対象となる。

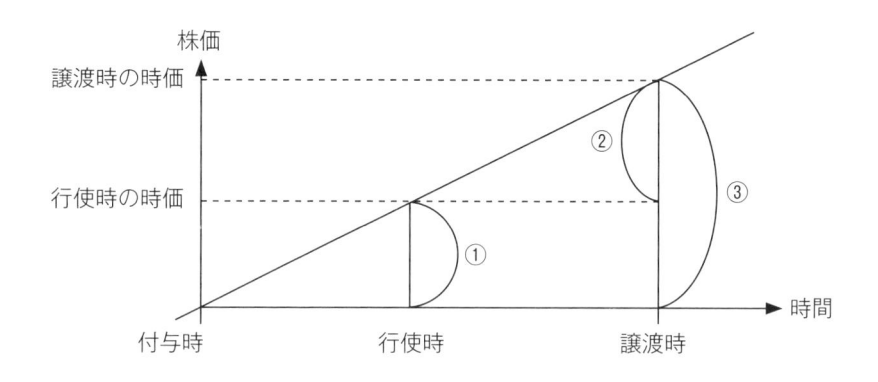

　ただし、租税条約の適用も検討する必要がある。この点について、例えば、フランスに居住する日本の非上場会社の役員が税制適格ストックオプションの権利行使をした場合には、株式を譲渡したタイミングでその権利行使益部分の全部が日本の課税対象とされる[108]。すなわち、①の部分（権利行使益相当額）が役員報酬として国内源泉所得に該当し、日本で課税されることになる。②の部分（譲渡所得相当額）については、原則として日本で課税されることはない。

108　日仏租税条約が適用される場合の国内法と租税条約の適用関係について説明したものとして、質疑応答事例「非居住者である役員が税制適格ストックオプションを行使して取得した株式を譲渡した場合」（https://www.nta.go.jp/law/shitsugi/shotoku/02/36.htm）参照。また、国内勤務期間のない中国の従業員が税制適格ストックオプションを行使した場合において、日中租税協定15条1項に基づき、権利行使部分が日本での課税対象となる旨を回答したものとして、文書回答事例「国内勤務期間のない中国の従業員（非居住者）が、税制適格ストックオプションの権利行使による株式の取得に係る経済的利益について、租税特別措置法第29条の2を適用せず、税制非適格ストックオプションとして取り扱うことの可否について」（https://www.nta.go.jp/about/organization/kantoshinetsu/bunshokaito/shotoku/181031/index.htm）がある。

　非居住者である役員が税制適格ストックオプションを行使して取得した株式を譲渡した場合

【照会要旨】

　内国法人の役員Aは、国内本店に勤務していましたが、2年前からフランス支店に勤務しています。

　ところで、今般、Aは、本店勤務中に付与された税制適格ストックオプションを適格に行使し、本年、その行使により取得した株式を譲渡しましたが、日本における課税関係はどのようになりますか。

　なお、Aは、現在も引き続きフランスに居住しており、日本に恒久的施設を有していません。

【回答要旨】

　株式の譲渡益のうち権利行使益に相当する金額が、株式等の譲渡に係る国内源泉所得として、当該株式を譲渡した日の属する本年分において、15％の税率による申告分離課税の対象とされます(注)。

　日仏租税条約第16条は、「一方の締約国の居住者が他方の締約国の居住者である法人の役員の資格で取得する役員報酬その他これに類する支払金に対しては、当該他方の締約国において租税を課すことができる。」と規定しています。

　ここでいう「その他これに類する支払金」には、一般に、ストックオプションによる現物給付も含まれ、ストックオプションの付

与から権利行使（発行法人による消却又は取得を含みます。）までの利益（以下「権利行使益」といいます。）がいずれの時点で課税されるかにかかわらず、その権利行使益に本条が適用されると解されます。一方、株主の資格で取得する株式譲渡収益（権利行使後に生じた株式の価値に対応する部分）については、譲渡所得条項が適用されます。

　したがって、照会の場合は、株式の譲渡収益のうち権利行使益に相当する金額については、日仏租税条約第16条が適用され、我が国で課税されることとなり、権利行使後に生じた株式譲渡収益については、同条約第13条が適用され、我が国では課税されないこととなります。

　なお、課税は国内法の規定に基づいて行われますので、恒久的施設を有しない非居住者の株式等の譲渡に係る国内源泉所得として、株式を譲渡した日の属する本年分において、15％の税率による申告分離課税の対象とされます（租税特別措置法第29条の2第8項、第37条の12第1項、租税特別措置法施行令第19条の3第23項）(注)。

　(注)　確定申告の際には、所得税と併せて基準所得税額（所得税額から、所得税額から差し引かれる金額を差し引いた後の金額）に2.1％を掛けて計算した復興特別所得税を申告・納付することになります。

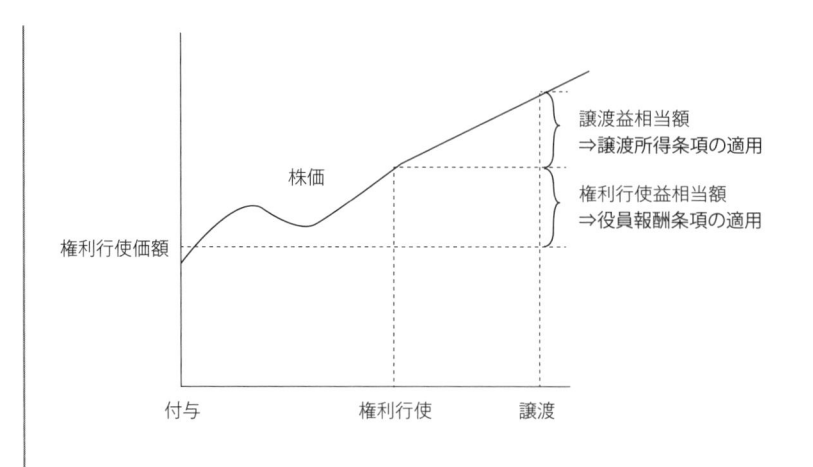

　他方で、例えば、米国に居住する日本の非上場会社の従業員が税制
適格ストックオプションの権利を行使した場合には、その権利行使益
部分のうち、国内勤務の分のみ、株式譲渡のタイミングで日本の課税
対象となる。すなわち、従業員がストックオプションの権利行使によ
り取得した株式を譲渡した時点で、米国の居住者であった場合、日米
租税条約議定書10では、「ストックオプション制度に基づき被用者が
享受する利益でストックオプションの付与から行使までの期間に関連
するもの」については同条約14条が適用され、ストックオプション
の行使の時に当該被用者が居住者とならない締約国（すなわち、日本）
は、「当該利益のうち当該被用者が勤務を当該締約国内において行っ
た期間中当該ストックオプションの付与から行使までの期間に関連す

る部分」についてのみ租税を課すことができるとされているため、米国の居住者の特定株式の譲渡に係る所得については、そのうちの権利行使益に相当する部分の金額（権利行使益相当額が特定株式に係る譲渡益の額を上回る場合には、その譲渡益の額）に、その付与から権利行使までの期間のうちに国内において行った勤務期間の占める割合を乗じて計算した金額が課税される[109]。以下の図で説明すると、非居住者である従業員は、税制適格ストックオプションの行使によって取得した株式を譲渡した時に、①の部分につき、日本の国内源泉所得に該当し、日本で株式の譲渡所得として課税され、②の部分は日本では課税されないことになる。

　また、米国に居住する日本の非上場会社の役員が税制適格ストックオプションの権利を行使した場合には、日本において、権利行使時における権利行使益（①'の部分）が全額課税されることになり、譲渡益部分は課税されないという取扱いとなる。

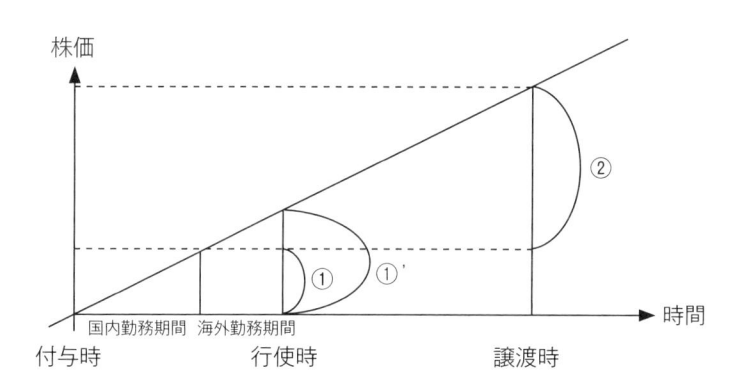

109　具体的な計算例については、質疑応答事例「米国支店に出向中の従業員が税制適格ストックオプションを行使して取得した株式を譲渡した場合」
　　（https://www.nta.go.jp/law/shitsugi/shotoku/02/34.htm）参照。

米国支店に出向中の従業員が税制適格ストックオプションを行使して取得した株式を譲渡した場合

国内勤務時に付与された税制適格ストックオプションを、米国勤務（非居住者）となってから適格に行使しました。今回、その行使により取得した株式を譲渡しましたが、日本における課税関係はどのようになりますか。なお、私は引き続き米国に勤務しており、日本に恒久的施設を有していません。

1　株式の譲渡対価の額 ···1,000万円

2　権利行使価額 ··· 400万円

3　権利行使により取得した株式の価額（時価）···900万円

4　付与日 ··· 平成24年4月1日

5　出国日 ··· 平成27年3月31日

6　権利行使日 ··· 平成29年3月31日

7　株式を譲渡した日 ··· 平成29年12月1日

株式の譲渡益600万円のうち300万円について、株式等の譲渡に係る国内源泉所得として15％の税率による申告分離課税となります(注)。

恒久的施設を有しない非居住者が税制適格ストックオプションの行使により株式を取得した場合、その株式（以下「特定株式」

といいます。）の取得に係る経済的利益（以下「権利行使益」と
いいます。）については、その行使の時において課税されず、そ
の譲渡時に、国内にある資産の譲渡により生ずる所得として、
15％の税率による申告分離課税とされています(注)。

　また、日米租税条約議定書10では、「ストックオプション制度
に基づき被用者が享受する利益でストックオプションの付与から
行使までの期間に関連するもの」については同条約第14条が適
用され、ストックオプションの行使の時に当該被用者が居住者と
ならない締約国は、「当該利益のうち当該被用者が勤務を当該締
約国内において行った期間中当該ストックオプションの付与から
行使までの期間に関連する部分」についてのみ租税を課すことが
できるとされています。

　したがって、米国の居住者の特定株式の譲渡に係る所得につい
ては、そのうちの権利行使益に相当する部分の金額（権利行使益
相当額が特定株式に係る譲渡益の額を上回る場合には、その譲渡
益の額）に、その付与から権利行使までの期間のうちに国内にお
いて行った勤務期間の占める割合を乗じて計算した金額が課税さ
れることになります。

　ご質問の場合、次の計算により、株式の譲渡益600万円のうち
300万円について、株式等の譲渡に係る国内源泉所得として15％
の税率による申告分離課税となります(注)。

　株式の譲渡益 ・・・ 1,000万円 － 400万円 ＝ 600万円

　権利行使益 ・・・ 900万円 － 400万円 ＝ 500万円（＜ 600万円）

　課税対象額 ・・・ 500万円 × （3年／5年） ＝ 300万円

　(注)　確定申告の際には、所得税と併せて基準所得税額（所得税
　　　　額から、所得税額から差し引かれる金額を差し引いた後の金

額）に2.1％を掛けて計算した復興特別所得税を申告・納付することになります。

【関係法令通達】

所得税法第161条第1項第3号、所得税法施行令第281条第1項第4号、租税特別措置法第29条の2、第37条の12、租税特別措置法施行令第19条の3第23項、日米租税条約第14条、日米租税条約議定書第10項

さらに、日本の居住者（従業員）であったときに税制適格ストックオプションを行使して株式を取得した後、非居住者となり、当該取得した株式の保管口座を移管したことによるみなし譲渡に係る譲渡所得が日本で課税されるかが問題となった事案において、国税不服審判所平成29年8月22日裁決事例集108集1頁は、権利行使益部分は日本で課税されるべきと判断している。

(3) 有償ストックオプションの場合

有償ストックオプションについては、税制適格ストックオプションと同様、付与時および権利行使時に課税は生じないと思われる。また、有償ストックオプションは役務提供の対価として付与されるものではないと整理される以上、その行使によって取得した株式の譲渡所得のうちに、原則として国内勤務期間の報酬・給与と認定される部分は想定されないため、結果的に、日本で課税されることはないように思われる。

コラム　ストックオプションと国外転出時課税

　ストックオプションの付与を受けた役職員が海外の子会社等に出向または転籍するために、ストックオプションの権利行使前に日本から出国することがまれに見受けられる。その場合に、国外転出時課税（出国税）により当該ストックオプションの含み益に対して譲渡所得課税が生じるかという点が問題となり得る。

　まず、ストックオプションは新株予約権証券に該当するため（金商法2①九）、原則として、国外転出時課税の対象となる有価証券等に含まれることになる（所法2①十七、所令4①一）。ただし、平成26年度税制改正により、非居住者がストックオプションを行使したことにより生じた所得のうち、国内において行った勤務等に基因するものは、日本における国内源泉所得として課税対象となった（所法161①十二）ことを受けて、平成28年度税制改正により、次に掲げる有価証券等は国外転出時課税の対象範囲から除外されたため（所法60の2①、所令170①二）、税制非適格ストックオプションは出国税の対象外とされることとなった。

- ・所得税法施行令84条（譲渡制限付株式の価額等）1項に規定する特定譲渡制限付株式または承継譲渡制限付株式で、同項に規定する譲渡についての制限が解除されていないもの
- ・所得税法施行令84条3項各号に掲げる権利（株式を無償または有利な価額により取得することができる一定の権利）で、その権利を行使したならば経済的な利益として課税されるものを表示する有価証券

　また、税制適格ストックオプションについても、その行使によ

り取得した株式を譲渡した場合、当該譲渡により生じる所得は国内源泉所得として日本で課税される（所法161①三、所令281①四、措令19の3㉕）ことから、国外転出時課税の対象から除外されている（所基通60の2－6）。

　ところで、税制適格ストックオプションの保有者が非居住者になる場合に特に留意を要するのは、税制適格ストックオプションの要件のうち、いわゆる株式の保管委託要件である。税制適格ストックオプションの保有者が非居住者となったことに伴い、金融商品取引業者等と締結していた特定株式の保管委託を解約した場合、当該解約した特定株式について時価で譲渡したものとみなされる（措法29の2①六・同④一）。金融商品取引業者等のなかには、非居住者用の証券口座に対応していないところがあるため、実務的な対応として、非居住者口座を準備できる他の金融商品取引業者等の証券口座に移管することが考えられるが、その場合にも譲渡があったものとみなされることになる。

| コラム | 外国親会社からストックオプションの付与を受けた場合の課税関係 |

　日本の居住者が外国親会社からストックオプションの付与を受ける場合も考えられる。この場合、主として、所得区分、所得の課税時期および邦貨換算が問題になり得る。

　外国親会社から付与されるストックオプションについては、租税特別措置法29条の2が適用されることはないため、付与対象者は、ストックオプションの権利行使時に課税が生じることになる。この場合の所得区分については、外国親会社に対して直接役務を提供しているものではないものの、原則として給与所得に該当すると解されている（最判平成17年1月25日民集59巻1号64頁）。

　また、給与所得の金額については、外国親会社株式の経済的利益とされ、外貨で表示される場合には、銀行等の手数料を加味しないところのTTM（電信売買相場の仲値）によって換算された邦貨の額によるのが妥当であると解されている[110]。

110　前掲注19）601頁。

第 3 章

M&Aにおける
ストックオプションの処理

ストックオプションを発行している非上場会社がM＆Aの対象会社となる場合、買収会社が発行会社を完全子会社化するためには、原則として、発行会社のストックオプションを何らかの形で処理する必要がある。

発行会社のストックオプションを処理するためには、以下のような方法が考えられる。

① 発行会社が役職員から無償でストックオプションを取得する方法

② 発行会社または買収会社がストックオプションを有償で買い取る方法

③ 役職員がストックオプションを行使して株式を取得したうえ、買収会社が株式を買い取る方法

④ 組織再編（株式等売渡請求制度を含む。以下本章において同じ）に伴い、発行会社のストックオプションに代えて、買収会社のストックオプションを付与する方法

上記③の方法は、第1部第2章から第4章までの課税関係と同様であるため[111]、以下では、①、②および④の方法の課税関係について説明する。

---

[111] これまで、税制適格ストックオプションに関しては、株式の保管委託要件が問題になっていたことと、これを緩和するために令和6年度税制改正で発行会社による株式の管理要件が選択できるようになったことについて、第1部第3章1(4)⑥を参照されたい。

1　発行会社がストックオプションを無償で取得する方法

　ストックオプションの発行要項においては、組織再編が承認されたことを無償取得事由とすることが多い。例えば、以下のような内容である。

　当社は、以下の議案につき株主総会で承認された場合（株主総会決議が不要な場合は、当社の取締役会決議がなされた場合）は、取締役会が別途定める日に、新株予約権を無償で取得することができる。

① 　当社が消滅会社となる合併契約承認の議案

② 　当社が分割会社となる会社分割契約または会社分割計画承認の議案

③ 　当社が完全子会社となる株式交換契約または株式移転計画承認の議案

　発行会社が役職員から無償取得した場合の税務仕訳は以下のとおりとなる。

【税務仕訳】

借方	金額	貸方	金額
役職員報酬 （損金不算入）	××円	前払費用	××円

ストックオプションがM＆Aに際して無償取得されるようにするよう定めておくのは、従業員から利益をはく奪する目的ではなく、新株予約権が一部でも残っていると100％買収が完了しないため、それを回避してM＆Aを円滑に実行することを目的としている。その観点から、ストックオプションがM＆Aに際して無償取得されるように定められている場合でも、別途、M＆Aが承認されてから一定期間以内に買収会社や発行会社に対して譲渡する（あるいは行使して株式を譲渡する）ことを認めることも多い（行使可能である場合はイン・ザ・マネーとなる）。また、ベスティング（コラム「ベスティング①：概要」参照）が完了していない等、権利行使はできない（アウト・オブ・ザ・マネーの）ストックオプションについても、M＆Aに際して無償取得される場合、M＆A後の継続勤務のモチベーションを確保するために、残りのベスティング期間に対応して、買収会社のエクイティ・インセンティブ（新たなストックオプション等）が代わりに付与されることも多い。

２　発行会社または買収会社がストックオプションを有償で買い取る方法

(1)　発行会社が有償で買い取る場合

①　役職員の課税関係

　発行会社がストックオプションを有償で買い取ることで処理することが考えられる。本書が前提とするように、ストックオプションは譲渡制限が付されている（譲渡するときに発行会社の承認が必要とされている）ことが一般的であるが、発行会社に対してストックオプショ

ンを譲渡する場合には、発行会社の譲渡承認は不要である（会社法262）。

　発行会社が税制非適格ストックオプションを買い取った場合、ストックオプションを譲渡した役職員において、その対価は給与所得等として課税されることになる（所法41の2）。

　一方、税制適格ストックオプションの場合、その取扱いは必ずしも明らかではないものの、第1部第3章5(2)②で述べた税務当局の見解を前提とすると、税制非適格ストックオプションと同様に、対価は給与所得等として課税されることになる。

②　発行会社の課税関係

　詳細については、第1部第2章5(2)①および第3章5(2)①を参照されたいが、以下、発行会社の課税関係の概要を説明する。まず、発行会社においては、ストックオプションの購入対価に取得費用を加算した金額が資産（自己新株予約権）として計上される。

【税務仕訳】

借方	金額	貸方	金額
自己新株予約権	××円	現預金	××円
役職員報酬	××円	前払費用	××円

　それとあわせて、税制非適格ストックオプションを買い取った場合には、当該税制非適格ストックオプションについて給与等課税事由が生じることになることから、そのオプションバリュー相当額（買取りの対価として支払った金額ではない点に注意）について、買い取った事業年度において損金算入できる可能性があり（法法54の2①）、実際に損金算入できるかは買い取った役職員が役員か従業員か等による

ことになる。また、第1部第3章5(2)②で述べたとおり、税務当局の見解を前提とすると、発行会社が税制適格ストックオプションを有償で取得した場合も税制非適格ストックオプションと同様の課税関係となる。

　また、対象会社は、役職員において給与所得または退職所得に該当する場合には、源泉徴収する必要がある（所法183、199）。

　他方、有償ストックオプションについて所得税法41条の2の適用がないとする解釈による場合、発行会社においては、給与等課税事由が生じることはないことから、発行会社が買い取った段階では損金算入できず、また、源泉徴収も不要という帰結になる。

(2)　買収会社が有償で買い取る場合

　発行会社ではなく、買収会社がストックオプションを買い取ることもしばしば行われている。この場合、対象会社がストックオプションの譲渡制限を解除（譲渡の承認）したうえで、ストックオプションの付与対象者（役職員）が買収会社に対して当該ストックオプションを譲渡することになる。

　なお、退職慰労金の趣旨でストックオプションを発行していた場合などは、買収会社がストックオプションを譲り受けたとしても、ストックオプションを行使することができない。したがって、買収会社は、役職員から、備忘価格の1円でストックオプションを取得するとともに、発行会社において、ストックオプションの代替措置として、退職慰労金制度の導入を検討する例もある[112]。

①　役職員の課税関係

　税制非適格ストックオプションを譲渡した役職員について、国税庁は、質疑応答事例において、譲渡制限の解除が行われた時点で給与所得等が生じるとの取扱いを明らかにしている[113]。当該質疑応答事例では、給与所得等が生じる理由として、「この譲渡制限の解除により、それまで未実現と捉えられていた経済的利益が顕在化し、収入すべき金額が実現したものと考えられます」と解説している。そして、ストックオプションの譲渡に関しては、「給与所得として課税される経済的利益の額（譲渡承認日における本件ストックオプションの価額（時価））に相当する額が本件ストックオプションの譲渡に係る譲渡所得等に係る取得費等となりますので、本件ストックオプションの譲渡により、譲渡所得等は生じません。」とし、譲渡制限の解除と譲渡が近接していれば、株式等に係る譲渡所得等（措法37の10）は生じないことを明らかにしている。

　税制適格ストックオプションの譲渡制限を解除した場合についても、上記の税制非適格ストックオプションと同様の課税関係になると思われる（第1部第3章5(1)①参照）。なお、有償ストックオプションの譲渡制限を解除した場合についても同様であるが、譲渡所得となると解するのが合理的である。

112　上場会社の例ではあるが、KDDI株式会社が株式会社ローソンに対して公開買付けを行った際に、KDDI株式会社は、ストックオプションを1円で取得することにしたものの、株式会社ローソンは退職慰労金相当の報酬としてストックオプションを発行していたことから、新しい退職慰労金制度の導入を予定している旨の開示を行っている（2024年3月27日付「KDDI株式会社による当社株券等に対する公開買付けの開始に関する賛同の意見表明及び応募推奨のお知らせ」参照）。

113　質疑応答事例「被買収会社の従業員に付与されたストックオプションを買収会社が買い取る場合の課税関係」（https://www.nta.go.jp/law/shitsugi/shotoku/02/49.htm）。

被買収会社の従業員に付与されたストックオプションを買収会社が買い取る場合の課税関係

【照会要旨】

A社は、インセンティブ報酬として従業員に対して新株予約権（以下「本件ストックオプション」といいます。）を無償で付与しています。この本件ストックオプションには譲渡制限が付されており、従業員が本件ストックオプションを譲渡する場合、取締役会による承認が必要とされています。

この度、B社がA社を買収し、A社の発行済株式の全てを取得することに伴い、B社は、A社が従業員に対して付与していた本件ストックオプションを買い取ることとしました。

具体的には、本件ストックオプションを付与された従業員が、A社の取締役会の承認を受け、その譲渡制限の解除（譲渡承認）後直ちに、B社が時価で本件ストックオプションを買い取ることとなりますが、この場合、所得税の課税関係はどのようになりますか。

【回答要旨】

本件ストックオプションについては、譲渡制限が解除された日において、給与所得が生じます。

譲渡についての制限その他特別の条件が付されているストックオプションが付与された場合、付与時点においては何ら経済的利益が実現していないことから、その付与時点において課税関係は

生じませんが、ストックオプションの権利行使をする場合、取得した株式の価額と権利行使価額との差額が経済的利益として実現することから、その権利行使時に当該経済的利益について課税関係が生じることになります（所得税法施行令第84条第3項）。

　一方、照会の場合、従業員は本件ストックオプションの権利行使をしていませんが、その譲渡を行うに当たり、A社の取締役会の承認を得て譲渡制限を解除する必要があり、その結果、従業員（本人）の意思による第三者への譲渡が可能となります。この譲渡制限の解除により、それまで未実現と捉えられていた経済的利益が顕在化し、収入すべき金額が実現したものと考えられます(注)。

　そして、本件ストックオプションは、インセンティブ報酬として従業員に対して付与されていたことから、A社と従業員の間の雇用契約又はこれに類する関係に基因して付与されたものと考えられますので、顕在化した経済的利益は、A社の取締役会の承認を受け譲渡制限が解除された日（譲渡承認日）における給与所得に該当します（所得税法第28条）。

　なお、給与所得として課税される経済的利益の額（譲渡承認日における本件ストックオプションの価額（時価））に相当する額が本件ストックオプションの譲渡に係る譲渡所得等に係る取得費等となりますので、本件ストックオプションの譲渡により、譲渡所得等は生じません。

(注)　新株予約権等（株式を無償又は有利な価額により取得することができる一定の権利で、当該権利を行使したならば経済的な利益として課税されるものをいいます。）をその発行法人に譲渡した場合についても、当該譲渡の対価の額から当該権利の取

得価額を控除した金額を、給与所得等の収入金額とみなすこととされています（所得税法第41条の2）。

②　発行会社の課税関係

　発行会社において、税制非適格ストックオプションについて給与等課税事由が生じることになることから、当該ストックオプションのオプションバリューについて、譲渡制限を解除した事業年度において損金算入が可能となる（法法54の2①）。また、発行会社は、役職員において給与所得または退職所得に該当する場合には、源泉徴収する必要がある。この点について、M&Aの後においても、ストックオプションを譲渡した役職員が発行会社に残る場合には、発行会社は、後の給与等から控除して源泉税相当額を回収することが可能である。しかし、当該役職員がM&Aを機に退職する場合には、発行会社が当該役職員に対して源泉税相当額を請求する必要がある（所法222）。このような請求の手間を回避するため、買収会社が、当該役職員からのストックオプションの買取りの際に、当該ストックオプションの買取価格から源泉税相当額を控除し、買収会社が発行会社に対して当該源泉税相当額を交付して処理するというアレンジも考えられる。

③　買収会社の課税関係

　買収会社がストックオプションを取得した場合、購入対価に取得費用を加算した金額が資産として計上される。

【税務仕訳】

借方	金額	貸方	金額
新株予約権	××円	現預金	××円

　その後の処理として、買収会社が権利行使する方法と権利行使せず
にストックオプションを失効させる方法が考えられる。買収会社が権
利行使をした場合、行使価額とストックオプションの取得価額の合計
額が株式の取得価額とされる。すなわち、買収会社は、ストックオプ
ションの行使時には課税は生じない。

【税務仕訳】

借方	金額	貸方	金額
株　　　式	××円	新株予約権	××円
		現預金（権利行使価額）	××円

　これに対し、ストックオプションを失効させた場合、買収会社は、
新株予約権の消滅損を損金算入できると考えられる。

【税務仕訳】

借方	金額	貸方	金額
新株予約権消滅損	××円	新株予約権	××円

1. アクセラレーションの概要

　税制適格ストックオプションであるか否かにかかわらず、ストックオプションについて、一定期間が経過していくごとに、権利行使可能なストックオプション（新株予約権）の個数が増加していく仕組みとして「ベスティング」が設けられることについて前述した（コラム「ベスティング①：概要」参照）。

　そのうえで、権利確定期間（ベスティング期間）が満了する前にM＆Aが生じた場合、ストックオプションをどのように処理するかが問題となる。

　すなわち、第三者によるスタートアップ企業の買収という役職員によってはコントロール外ともいえる事情により未確定の部分の権利が失われるような設計では、十分なインセンティブとはならないこともある。そこで、M＆Aが行われることになった場合には、ストックオプションのベスティングが完了したものとみなす「早期確定条項（アクセラレーション（acceleration）条項）」を定めておくことが考えられる。この場合、役職員は、M＆Aが実行される際に、ストックオプションの未確定部分についても一括して権利行使をして株式を取得し、M＆Aで売却することが可能になる。

　他方で、アクセラレーションが行われる場合でも、新株予約権のまま買収会社へ譲渡されることや、発行会社であるスタートアップ企業が有償または無償で取得するなど、新株予約権のまま処理がなされることもあることについては、本文における、イン・ザ・マネーの場合の処理で述べた。

２．M&A時の実務上の対応

　もっとも、M&Aの時点ですべての権利が確定し、買収の対価として現金を受領してしまうと、役職員がスタートアップ企業の買収後も引き続き勤務をするインセンティブが失われるおそれもある。

　そのため、M&Aの際には、未確定の部分に対応する買収会社のストックオプションや、株式などのエクイティ・インセンティブを与えられることもある。翻って、ストックオプションの発行時点では、「M&Aが発生した場合には、発行会社の裁量で、未確定な部分を権利放棄させることも、早期確定もいずれも可能である」ように規定しておき、実際のM&Aの際には、スタートアップの創業者ら経営陣と、買収者が、従業員のリテンションを図るために交渉をしたうえで、新たに、未確定な部分に対応する買収者の新たなエクイティ・インセンティブ（ストックオプションや株式など）をオファーするといった処理がなされることもある。

　なお、アクセラレーション条項には、未確定部分のすべてか一部のみを確定させるか、といったバリエーションがある。

3 組織再編に伴い、買収会社が ストックオプションを付与する方法

(1) 概要

　合併や分割、株式交換等の組織再編が行われる場合、被合併法人や分割法人、株式交換完全子法人が発行しているストックオプションの処理方法は、主に、発行会社が有償で取得する方法、無償で取得する方法があり、そのほか、組織再編行為により既存のストックオプションを消滅させたうえで、合併法人等のストックオプションを新たに付与する方法が考えられる。以下、組織再編の類型ごとに説明する。

(2) 合併・分割の場合

① 消滅会社（分割会社）・存続会社（分割承継会社）の課税関係

　合併・分割に伴って、消滅会社・分割会社（以下、「消滅会社等」という）において、ストックオプションが消滅する場合[114]で、法定の新株予約権買取請求権が行使されない場合[115]、以下の税務仕訳となる（法令111の3等）。ただし、新株予約権消滅益は、益金の額に算入されない（法法54の2③）。

114　新株予約権の発行会社が吸収合併または新設合併における消滅会社となる場合には、消滅会社が発行している新株予約権は当然に消滅する（会社法750④、754④）。なお、発行会社が存続会社となる場合には合併により存続会社の新株予約権は消滅しない。

　　新株予約権の発行会社が分割会社となる吸収分割または新設分割を行う場合、吸収分割契約または新設分割計画に定めることにより、当該新株予約権を消滅させ、新株予約権者に対して対価として吸収分割承継会社または新設分割設立会社の新株予約権を交付できる（会社法758五、759⑨、763①十、764⑪）。なお、新株予約権の発行会社が吸収分割承継会社となる場合は新株予約権は消滅しない。

【税務仕訳】

借方	金額	貸方	金額
新株予約権	××円	新株予約権消滅益	××円 （益金不算入）

　なお、合併において、消滅会社が税制適格ストックオプションを付与しており、合併に伴い、存続会社が新たにストックオプションを付与する際に、付与株式数および権利行使価額を合併比率に調整したとしても、当該ストックオプションは、引き続き税制適格ストックオプションとして取り扱われることになると考えられる[116]。

115　新株予約権の内容として、合併・分割に伴い合併存続会社や新設会社、吸収分割承継会社や新設分割設立会社の新株予約権を交付する旨およびその条件を定めることができる（会社法236①ハイ〜ハ）。これに対して、このような定めを設けていた場合で、合併においては、合併対価が金銭である場合や新たに交付される新株予約権が当該定めと一致しない場合（またはそもそもそのような定めを設けていなかった場合）（会社法787①一、808①一）、また分割においては、吸収分割契約または新設分割計画で定めた対価の内容が当該定めと一致しない場合（またはそもそもそのような定めを設けていなかった場合）や、吸収分割契約または新設分割計画で新株予約権が消滅する旨（および対価たる新株予約権の交付）が定められなかった場合（会社法787①二イ・ロ、808①二イ・ロ）には、新株予約権買取請求権を行使することができる。

116　前掲注19）　554〜555頁、質疑応答事例「吸収合併により消滅会社のストックオプションに代えて存続会社から交付されるストックオプションについて権利行使価額等の調整が行われる場合」（https://www.nta.go.jp/law/shitsugi/gensen/03/40.htm）参照。

吸収合併により消滅会社のストックオプションに代えて存続会社から交付されるストックオプションについて権利行使価額等の調整が行われる場合

【照会要旨】

当社は、吸収合併により消滅することとなったため、取締役等に付与していた税制適格ストックオプションは消滅し、吸収合併契約に基づき存続会社からストックオプションが新たに交付される予定です。

この存続会社から交付されるストックオプションについては、当社が取締役等に付与していたストックオプションの付与株数及び権利行使価額を基に合併比率で調整されることになりますが、引き続き税制適格要件を満たすものと取り扱って差し支えありませんか。

㈨ 消滅会社のストックオプションに代えて存続会社のストックオプションが交付されることについては、会社法第236条第1項第8号《新株予約権の内容》の規定に基づき、ストックオプション（新株予約権）の内容としてあらかじめ定められています。

【回答要旨】

照会のストックオプションについては、引き続き税制適格要件を満たすものと取り扱って差し支えありません。

　吸収合併が行われた場合、消滅会社のストックオプションは吸収合併の効力が生ずる日において消滅し、その消滅会社のストックオプションに代えて存続会社のストックオプションが交付されたとしても、存続会社において新たに交付するストックオプションに係る株主総会の決議（会社法第238条第2項）が行われるものではなく、消滅会社における付与決議に基づくストックオプションの内容に従って交付されるものであることから、その新株予約権の行使は当初の付与契約の内容に従って行使するものと認められます。

　また、吸収合併に当たってストックオプションの付与株数及び権利行使価額を合併比率によって調整することは、ストックオプションの権利者に対してのみ有利になるような恣意的なものでなければ、株式分割等の場合の権利行使価額の調整と同様に、経済的価値を同額にするための付与株式数と権利行使価額の数字上の調整に過ぎませんので、引き続き税制適格要件を満たすものとして差し支えありません。

【関係法令通達】

　租税特別措置法第29条の2、会社法第236条、第238条、第749条、第750条

　他方、存続会社・分割承継会社（以下、「存続会社等」という）は、消滅会社等のストックオプションを保有していた者に対して、新たにストックオプション（承継新株予約権）を付与することになる。存続会社等においては、以下の税務仕訳となる。

【税務仕訳】

借方	金額	貸方	金額
前払費用	××円	新株予約権	××円

　役職員が承継新株予約権を行使した場合、承継新株予約権が税制非適格ストックオプションであるときには、給与等課税事由が生じることになり、権利行使時において存続会社等が損金算入できる金額は、消滅会社等がストックオプションを付与した時の価額となる（法令111の3③一）。

【税務仕訳】

借方	金額	貸方	金額
役職員報酬	××円	前払費用	××円
新株予約権	××円	資本金等の額	××円
現預金（行使価額）	××円		

②　役職員の課税関係

　合併・分割において、消滅会社等のストックオプションを有している役職員に対して、存続会社等のストックオプション（承継新株予約権）のみが交付される場合には、課税繰延べが認められている（所令116）。この取扱い自体は、消滅会社等のストックオプション、存続会社等のストックオプションのいずれかが、税制適格や税制非適格ストックオプションかで変わりない。

　役職員が承継新株予約権を行使した場合や行使により取得した株式を譲渡した場合、税制非適格ストックオプション、税制適格ストックオプションの別に応じて課税関係が異なることになる（詳細は、第1部第2章および第3章参照）。

(3)　株式交換・株式移転の場合

①　完全親会社・完全子会社の課税関係

　株式交換完全子会社・株式移転完全子会社（以下、「株式交換等完全子会社」という）において、株式交換・株式移転に伴い、株式交換等完全子会社が発行しているストックオプションが消滅する場合[117]で、法定の新株予約権買取請求権が行使されない場合[118]について述べる。

　この場合、株式交換完全親会社や株式移転完全親会社（以下、「株式交換等完全親会社」という）が株式交換等完全子会社の新株予約権に係る債務を引き受けて、株式交換等完全子会社が株式交換等完全親会社に対して債務引受に係る対価が支払われる場合、株式交換等完全子会社においては、以下の税務仕訳となる。

【株式交換等完全子会社の税務仕訳：債務引受の対価が支払われる場合】

借方	金額	貸方	金額
新株予約権	××円	前払費用	××円
未払金	××円		

117　新株予約権の発行会社が株式交換の完全子会社になる場合には、株式交換契約に定めることにより、また株式移転をする場合には株式移転計画に定めることにより、新株予約権を消滅させ、株式交換完全親会社や株式移転完全親会社の新株予約権を交付することができる（会社法768①四、769④、773①九、774④）。

118　新株予約権の内容として、株式交換・株式移転に伴い株式交換完全親会社や株式移転完全親会社の新株予約権を交付する旨およびその条件を定めることができる（会社法236①ハ・ニ・ホ）。これに対して、このような定めを設けていた場合で、株式交換契約や株式移転計画において対価として定められた新株予約権の内容が当該定めと合致しない場合（またはそもそも新株予約権の内容として当該交付の定めを設けていなかった場合）や、株式交換契約や株式移転計画で新株予約権が消滅する旨（および対価たる新株予約権の交付）が定められなかった場合には、新株予約権買取請求権を行使することができる（会社法787①三イ・ロ、808①三イ・ロ）。

他方で、株式交換等完全子会社から株式交換等完全親会社に対価が支払われない場合には、以下の税務仕訳となる。

【株式交換等完全子会社の税務仕訳：債務引受の対価が支払われない場合】

借方	金額	貸方	金額
新株予約権	××円	前払費用	××円
新株予約権消滅益	××円 （益金算入）		

　債務引受の対価が支払われない場合、以下で述べるとおり、株式交換等完全子会社は、株式交換等完全親会社が税制非適格ストックオプションを付与すると、役職員が株式交換等完全親会社のストックオプションを行使した場合であっても、一部損金算入できるため、当該損金算入できる部分について新株予約権消滅益は、益金に算入され、残りの部分は益金に算入されないと考えられる（法法54の2③）。

　他方、株式交換等完全親会社は、株式交換等完全子会社のストックオプションを保有していた者に対して、新たにストックオプション（承継新株予約権）を付与することになる。株式交換等完全親会社においては、以下の税務仕訳となる。

【株式交換等完全親会社の税務仕訳：債務引受の対価が支払われる場合】

借方	金額	貸方	金額
未収金	××円	新株予約権	××円
前払費用	××円		

【株式交換等完全親会社の税務仕訳：債務引受の対価が支払われない
場合】

借方	金額	貸方	金額
前払費用	××円	新株予約権	××円
寄附金	××円		

　役職員が承継新株予約権を行使した場合、承継新株予約権が税制非
適格ストックオプションであるときには、給与等課税事由が生じるこ
とになる。損金算入の額に関しては、合併・分割と異なり、権利行使
時において、株式交換等完全子会社においてストックオプションを付
与した日から行使可能となる日までの期間のうち、株式交換・株式移
転の効力発生日までの期間に係る費用は株式交換等完全子会社におい
て、株式交換・株式移転の効力発生日後の期間に係る費用は株式交換
等完全親会社において、それぞれ損金算入できる可能性がある（法令
111の３③二・三）。

【株式交換等完全親会社の税務仕訳】

借方	金額	貸方	金額
役職員報酬	××円	前払費用	××円
新株予約権	××円	資本金等の額	××円
現金（行使価額）	××円		

【株式交換等完全子会社の税務仕訳】

借方	金額	貸方	金額
役職員報酬	××円	前払費用	××円

　承継新株予約権が税制適格ストックオプションである場合、株式交

換等完全親会社および株式交換等完全子会社において、給与等課税事由が生じないことから、いずれも損金算入できない。

　なお、株式交換等完全子会社が税制適格ストックオプションを付与しており、株式交換・株式移転に伴い、株式交換等完全親会社が新たにストックオプションを付与する際に、付与株式数および権利行使価額を交換・移転比率に調整したとしても、当該ストックオプションは、引き続き税制適格ストックオプションとして取り扱われることになると考えられる[119]。

②　役職員の課税関係

　株式交換等完全子会社のストックオプションを有している者に対して、株式交換等完全親会社のストックオプションのみが交付される場合には、課税繰延べが認められている（所令116）。この取扱い自体は、消滅会社等のストックオプション、存続会社等のストックオプションのいずれかが、税制適格や税制非適格ストックオプションかで変わりない。役職員が承継新株予約権を行使した場合や行使により取得した株式を譲渡した場合、税制非適格ストックオプション、税制適格ストックオプションの別に応じて課税関係が異なることになる（詳細は、第1部第2章および第3章参照）。

⑷　株式等売渡請求制度

　株式等売渡請求制度（会社法179）は、買収者が、反対株主の意にかかわらず100％買収を達成する（いわゆるスクイーズアウト）ため

119　文書回答事例「株式移転に伴い設立完全親会社から新株予約権が交付される場合の税務上の取扱いについて」
（https://www.nta.go.jp/about/organization/tokyo/bunshokaito/gensen/03/01.htm）。

の手法である。この株式等売渡請求制度を実行する際にも、100％買収を達成するためには、潜在株式であるストックオプションを処理する必要がある。

　株式等売渡請求については、新株予約権も売渡しの対象となることから、買収者が、ストックオプションの保有者から強制的に買い取ることで処理できる（会社法179②）。もっとも、株式等売渡請求を行って買い取る場合であっても、新株予約権の譲渡承認が必要になることから、課税関係は、通常のストックオプションの第三者に対する有償譲渡と同様である（詳細は、第1部第2章5(1)、第3章5(1)参照）。

　なお、株式等売渡請求制度と同様にスクイーズアウトで利用される株式併合は、組織再編や株式等売渡請求制度のように、強制的に新株予約権を処理する法的根拠がない。したがって、議決権の保有割合が90％未満であり、株式等売渡請求制度を利用できず、株式併合によるスクイーズアウト[120]を行う際には、ストックオプションを譲渡する等による処理を行うためには、ストックオプションの保有者全員の同意が必要になる。そこで、同意を円滑に得るために、買収会社において、既発行のストックオプションに代わるインセンティブプランを準備することが多い。例えば、買収会社において、新たにストックオプションを発行することや、役員の退職慰労金代わりのストックオプションである場合には、役員退職慰労金制度を導入するなどである。

120　株式併合を行うためには、株主総会の特別決議（株主総会において議決権を行使することができる株主の議決権の過半数（3分の1以上の割合を定款で定めた場合にあっては、その割合以上）を有する株主が出席し、出席した当該株主の議決権の3分の2（これを上回る割合を定款で定めた場合にあっては、その割合）以上にあたる多数をもって行わなければならない決議）による必要がある（会社法180②、309②四）。

第 **4** 章

相続人がストック
オプションを行使する場合

1 概要

　ストックオプションの被付与者である役職員が権利行使する前に死亡することがある。この場合に、相続人がストックオプションを相続し、権利行使することができるかどうかは、それぞれのストックオプションの行使条件によって異なる。ストックオプションは、自社の従業員等に対するインセンティブ目的で付与されるものであるため、相続を認めない事例も見られたが、近時は一定の条件のもとに認める事例も見受けられる。

　相続によるストックオプションの承継が認められる場合、相続人には承継したストックオプションに係る相続税が課されることになるが、その課税対象となるストックオプションの時価はどのように算定されるのか、そして、その後に相続人が承継したストックオプションの権利を行使した場合に、どのような課税関係が生じるのかという点が論点となり得る。

　以下では、ストックオプションが相続人に相続された場合の相続税と財産評価、相続人がストックオプションの権利を行使した後に生じる課税関係について解説する。

2　ストックオプションの相続に対する課税

　民法は、相続の一般的効力として「相続人は、相続開始の時から、被相続人の財産に属した一切の権利義務を承継する」と定めている（民法896）。割当契約において、相続人による権利行使が認められているストックオプションは当然に被相続人の相続財産を構成することになる。これに対して、相続人による権利行使が認められていないストックオプションは、役職員の死亡により行使条件を満たさないことが確定して消滅することになるため（会社法287）、役職員の相続財産を構成することはないと思われる[121]。

【相続人による権利行使を認める条項例】

　本新株予約権者が本新株予約権の行使期間到来後に死亡した場合は、相続開始後●カ月内に限り、その相続人が、本条に定める手続きに基づき、本新株予約権を行使できる。ただし、1個の新株予約権を分割して相続することはできない。なお、本新株予約権者が本新株予約権の行使期間の到来前に死亡した場合は、その相続人は本新株予約権を行使できない。

121　新株予約権を行使することができなくなって消滅するのは、いかなるものとの関係においてもおよそ新株予約権を行使できなくなった場合であるとされている（相澤哲＝葉玉匠美＝郡谷大輔編著『論点解説　新・会社法千問の道標』258頁（商事法務、2010年、共著））。この点、行使条件を満たさないことが確定して消滅するのは、当該条件が新株予約権の内容とされている場合（すなわち登記事項とされている場合）であり、割当契約で定められている条件を満たさないことが確定したとしても、新株予約権が消滅することはないとする見解がある（酒巻俊雄＝龍田節編『逐条解説会社法第3巻株式・2／新株予約権』443頁（中央経済社、2009年））。

　なお、相続開始後の事情（例えば、相続人がストックオプションを放棄する意思表示をした場合等）により、ストックオプションが無価値となったような場合であっても、相続財産に含まれるかどうかには無関係の事情であり、それらのストックオプションは相続財産に含まれることになる。

　相続税は、相続または遺贈（死因贈与を含む）により財産を取得した者に対し、その取得した相続財産を課税物件とする租税である。相続税の課税対象となる相続財産は、金銭に見積もることができる経済価値のあるすべてのものとされているため（相基通11の2－1）、相続人による権利行使が認められるストックオプションは相続税の課税対象となる。

　相続税額の計算は、相続財産の評価にはじまり、債務控除や税額控除など、各ステップにおいてさまざまな論点が存在するが、本書は相続税そのものを解説することが目的ではないため、以下では相続税額の計算について簡潔に解説する。

(1)　相続税の概要

　各相続人等が納付する相続税額は、相続税の総額をもとに計算される。この相続税の総額は、実際に各相続人等が取得した遺産の取得割合ではなく、法定相続分により計算することに特徴がある（相法16）。

　そのうえで、相続税の総額を各相続人等の実際の取得割合に応じて

按分して算出した税額に２割加算や税額控除を適用し、各相続人等が納付すべき相続税額を計算することになる。

【STEP 1　相続税の総額の計算】

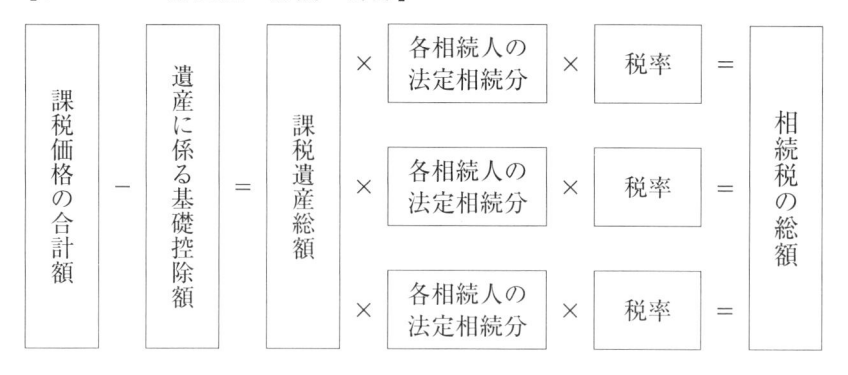

【STEP 2　各人の納付すべき税額の計算】

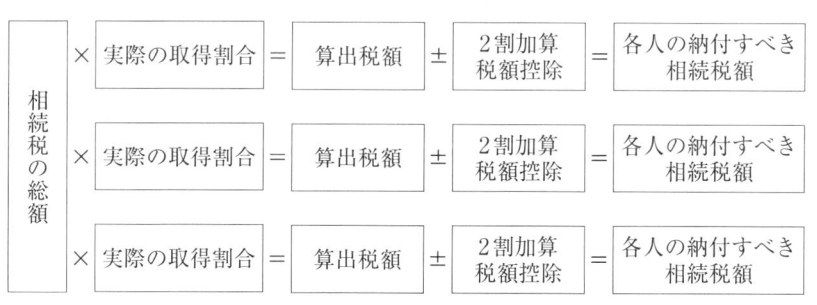

⑵　ストックオプションの相続税評価

相続税額を計算する最初のステップは課税価格を計算することである（計算式は次のとおり）。

【課税価格の計算式】

$$\begin{array}{l}\left(\begin{array}{l}\text{相続または}\\\text{遺贈により}\\\text{取得した財}\\\text{産の価額}\end{array}\right) + \left(\begin{array}{l}\text{みなし相続}\\\text{等により取}\\\text{得した財産}\\\text{の価額}\end{array}\right) - \left(\begin{array}{l}\text{非課税財}\\\text{産の価額}\end{array}\right) + \left(\begin{array}{l}\text{相続時精算}\\\text{課税に係る}\\\text{贈与財産の}\\\text{価額}\end{array}\right) - \left(\begin{array}{l}\text{債務およ}\\\text{び葬式費}\\\text{用の額}\end{array}\right) = \left(\begin{array}{l}\text{純資産価額}\\\text{（赤字のとき}\\\text{は0）…(a)}\end{array}\right)\end{array}$$

$$\left(\begin{array}{c}\text{純資産価額}\\\text{(a)}\end{array}\right) + \left(\begin{array}{l}\text{相続開始前}\\\text{3年以内の}\\\text{贈与財産の}\\\text{価額}\end{array}\right) = \left(\begin{array}{l}\text{各人の課}\\\text{税価格}\end{array}\right)$$

　以下では、特に重要となるストックオプションの相続税評価について解説する。

① 財産評価基本通達の対象となるストックオプション

　平成13年11月の商法改正によりストックオプションが新株引受権から新株予約権という名称に変更されたこと（第1部第1章2⑷参照）に伴って、ストックオプションの評価方法が財産評価基本通達において明記されることとなった。財産評価基本通達が対象とするストックオプションは、以下の要件を満たすものとされている（財基通168⑻）。

> ・会社法2条21号に規定する新株予約権を無償で付与されたものであること
> ・その目的となる株式が上場株式又は気配相場等のある株式であること
> ・課税時期が権利行使可能期間内にあること

　財産評価基本通達の対象が上場株式[122]や気配相場等のある株式[123]に限定されているのは、ストックオプションは権利行使によって取得した株式を売却して初めて利益を得ることができるのであり、そうすると、ストックオプションを付与する会社は、株式を自由に譲渡できる環境にある公開会社や公開予定会社が前提になると考えられていたためである[124]。もっとも、ストックオプションは上場会社等だけではなく、非上場会社であるスタートアップ企業においてもインセンティブプランの一環として多く利用されていることから、上記の要件を満たさない類型のストックオプションを評価しなければならない場面も当然に想定される。この点、財産評価基本通達に定めのない、①有償発行されたストックオプションや②非上場株式を目的とするストックオプション、③課税時期に権利行使可能期間が到来していないストックオプションについては、個別に評価すると解説されるにとどまっており[125]、実際に評価しようとすると判断に窮することも少なくない。

　ストックオプションの分類ごとの評価方法を図示すると以下のとおりである。下表をみると、財産評価基本通達の対象となるストックオ

122　上場株式とは、金融商品取引法2条16項に規定する金融商品取引所に上場されている株式をいう（財基通168(1)）。

123　気配相場等のある株式とは、以下のものをいう（財基通168(2)）。
　　・登録銘柄（日本証券業協会の内規によって登録銘柄として登録されている株式をいう）および店頭管理銘柄（同協会の内規によって店頭管理銘柄として指定されている株式をいう。以下同じ）
　　・公開途上にある株式（金融商品取引所が株式の上場を承認したことを明らかにした日から上場の日の前日までのその株式（登録銘柄を除く）および日本証券業協会が株式を登録銘柄として登録することを明らかにした日から登録の日の前日までのその株式（店頭管理銘柄を除く））

124　「財産評価基本通達の一部改正について」通達等のあらましについて（情報）資産評価企画官情報第1号・資産課税課情報第12号平成15年7月4日（以下、「平成15年情報」という）。

125　松田貴司編『財産評価基本通達逐条解説　令和5年版』819頁（大蔵財務協会、2023年）。

プションは全体のごく一部であることがわかる。

【ストックオプションの分類ごとの評価方法】

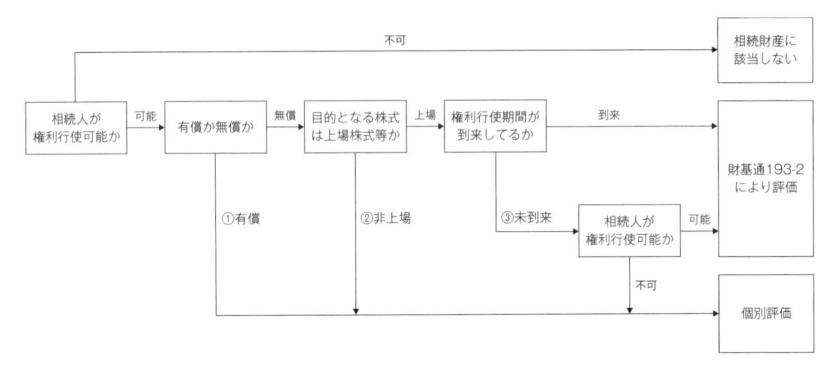

(注) 権利行使期間が未到来の場合（③）であっても、相続の開始と同時にストックオプ
ションを取得した相続人が権利行使できる場合もあるため、③の場合においても相
続人が権利行使可能か否かで分岐することになる。

② 財産評価基本通達に定めるストックオプションの相続税評価

　ストックオプションの評価額の形成要因は、一般に本質的価値（本源的価値ともいう）と時間的価値があるといわれている。本質的価値とは、評価時点においてストックオプションの原資産である株式の時価と行使価額の差額をいい、時間的価値とは、将来の株価変動に対する期待度をいう。このうち、時間的価値は、ボラティリティ（変動性）などの数値の取り方次第で評価額が大きく変動することから、相続税評価額の評価方法としては適当ではなく、実際にどれくらいの経済的価値を得ることができるかという本質的価値によってストックオプションの相続税評価額を評価することとされている[126]。

　このような観点から、財産評価基本通達においては、上場株式また

126　平成15年情報参照。

は気配相場等のある株式を目的とするストックオプションで、かつ、課税時期において権利行使可能期間が到来しているものについて、課税時期における株式の価額から行使価額を控除した金額により評価することとされている（財基通193-2）。

ストックオプションの相続税評価額	＝	課税時期における株式の時価	－	行使価額

③　財産評価基本通達に定めるストックオプション以外の相続税評価

(i)　有償ストックオプションの相続税評価

第1部第4章1で解説したように、ストックオプションを時価で発行する有償ストックオプションもスタートアップ企業のインセンティブプランとして利用されている。

財産評価基本通達において、有償ストックオプションの具体的な評価方法は定められておらず、税務当局が公表している解説情報においても評価方法について何ら解説していない。しかし、ストックオプション付与時の払込みの有無によって、相続時のストックオプションの経済的価値が変わることはないと考えられるため、無償発行（相殺構成も含む）されたストックオプションと同様に評価されることになると思われる。

なお、有償ストックオプションが有利発行された場合についても、時価発行の有償ストックオプションと同様に評価されるものと思われる。

(ii)　非上場株式を目的とするストックオプションの相続税評価

非上場株式を目的とするストックオプションについては、財産評価

基本通達に具体的な評価方法が定められておらず、国税庁が公表している解説情報においても、その発行内容等（権利行使価額の決定方法や権利行使により取得する株式の譲渡方法等を含む）を勘案し、個別に評価すると解説されているのみである[127]。

　しかし、非上場株式を目的とするストックオプションに関し、財産評価の実務上、税務当局から具体的な評価基準が公表されていないことで支障が生じているという声はあまり聞こえてこない。これはおそらく、日本のスタートアップ企業を取り巻くストックオプションの一般的な実務が関係していると思われる。すなわち、前述のとおり、そもそも相続人にはストックオプションの行使を一切認めていない事例もみられる。また、スタートアップ企業では、①権利行使時に役職員として発行会社に在籍していることに加えて、②ＩＰＯやＭ＆Ａをストックオプションの行使条件として設定することが伝統的に多い。これに対して、役職員に相続が発生した場合は、相続人による権利行使を認める条項例のように、相続開始日から短期間（例えば6ヵ月以内）で権利行使することが行使条件とされることがある。仮に、これが①の在籍要件のみに代わる例外的な行使条件にとどまる場合、このようなストックオプションを相続した場合でも、②のＩＰＯやＭ＆Ａの予定がない非上場会社（ＩＰＯの準備が進行していたとしても、例えばＮ－3期のように数年先であるような非上場会社）にあっては、相続開始時点で②の行使条件が成就する見込みはなく（権利行使が認められる期間内にエグジットを迎える蓋然性がないため）、ストックオプションの経済的価値はゼロであると考えられる。そうすると、あえてストックオプションの相続税評価額を算定する必要はなく、国税庁が

127　松田貴司編『財産評価基本通達逐条解説　令和5年版』819頁（大蔵財務協会、2023年）においても同旨の解説がされている。

具体的な評価方法を公表していなくても、実務において大きな混乱が生じることは多くなかったと思われる。

　もっとも、今後、非上場株式の流通が活発となった場合に（コラム「非上場株式の流通促進」を参照）、ＩＰＯやＭ＆Ａを行使条件としないストックオプションが増加する可能性もあることから、非上場株式を目的とするストックオプションの具体的な評価方法についても措置されることが期待される。

⑊　権利行使期間が未到来のストックオプションの相続税評価

　権利行使期間が未到来のストックオプションは、財基通193－2の対象には含まれていない。しかし、相続開始と同時に相続人が権利行使できるような場合には、その実態は権利行使期間内にあるストックオプションと同様であると考えられるため、財基通193－2の定めによって評価することとされている[128]。

　他方で、権利行使期間が未到来であり、かつ、相続開始と同時に権利行使できるとされていないストックオプションについては、具体的な評価方法の定めがないため、ストックオプションの目的となる株式の株価や権利行使できるまでの期間等を考慮して個別に評価することとされている[129]。

128　平成15年情報参照。
129　平成15年情報参照。

3　相続人がストックオプションを行使した場合の課税関係

(1)　相続人の課税関係

①　税制非適格ストックオプション

(i)　権利行使時の課税関係

　相続人が相続した非適格ストックオプションの権利行使をした場合、相続人は発行会社に対して何ら役務提供をしていないことから、権利行使に係る行使益は、業務に係るものではなく、かつ、雇用契約等に基づく労務の対価でもないため、事業所得、給与所得または退職所得に該当しないことになる。そうすると、一時所得または雑所得のいずれかに該当することになるが、雑所得は、利子所得から一時所得までの9種類の所得のいずれにもあたらない所得をいうとされているため（所法35①）、まずは一時所得に該当するかどうかを検討する必要がある。

　一時所得は、以下の3要件を満たす所得をいうとされている（所法34①）。

> （ア）利子所得、配当所得、不動産所得、事業所得、給与所得、退職所得、山林所得および譲渡所得以外の所得であること
> （イ）営利を目的とする継続的行為から生じた所得以外の一時の所得であること（非継続性）
> （ウ）労務その他の役務又は資産の譲渡の対価としての性質を有しないものであること（非対価性）

　相続人によるストックオプションの権利行使益は、上述のとおり、（ア）の要件を満たすことは明らかであり、実務上は（イ）および（ウ）の要件をいずれも満たすかを検討すべきことになる。

　まず、相続人による権利行使益は、債権的権利の行使による給付により生じるものであるが、その権利行使と給付は、権利の移転または消滅の対価として与えられるという関係にはなく、資産の譲渡の対価としての性質を有しているといえないため、（ウ）の要件を満たすと考えられる。

　次に、（イ）の要件については、相続人がストックオプションの取得後に長期間にわたって権利行使できたり、権利行使の回数に制限がなかったりする場合には、相続人が株価の変動状況等をみて権利行使するか否かを判断しているといえるため、臨時・偶発的な所得には該当せず、一時の所得とは認められない可能性がある[130]。この点について、質疑応答事例では、発行会社が相続による承継を認めた日から6ヵ月以内に全部を一括して権利行使する条件が付されたストックオプションの権利行使益について、（イ）の要件を満たすとする見解が示されている[131]。実務上は、この質疑応答事例の内容を踏まえて、比較的短期間（6ヵ月や12ヵ月以内など）に全部のストックオプションを一括して行使することを条件にしている事例が多く見受けられる（上記相続人による権利行使を認める条項例参照）。

130　今井慶一郎他編著『所得税基本通達逐条解説』令和6年版313頁（大蔵財務協会、2024年）。

131　質疑応答事例「役員に付与されたストックオプションを相続人が権利行使した場合の所得区分（6か月以内に一括して行使することが条件とされている場合）」（https://www.nta.go.jp/law/shitsugi/shotoku/02/32.htm）。

　役員に付与されたストックオプションを相続人が権利行使した場合の所得区分（6か月以内に一括して行使することが条件とされている場合）

【照会要旨】

　A社では、在任中の取締役等に対して、権利行使価額を1株当たり1円とする新株予約権（以下「本件新株予約権」といいます。）を付与しています。この新株予約権は、A社の取締役等の地位を喪失した日の翌日から10日間以内に本件新株予約権の全部を一括して権利行使しなければならず、また、被付与者が死亡した場合には、相続人の1人が本件新株予約権の全部を承継することとし、承継した者は本件新株予約権の承継についてA社が認めた日から6か月間に限り一括して権利行使することができることとされています。

　相続により承継した新株予約権については、相続財産として相続税の対象となりますが、相続人がその権利を行使した場合の権利行使益に係る所得は、いずれの所得に区分されますか。

【回答要旨】

　一時所得に該当します。

　取締役等に対してインセンティブ報酬として付与されたストックオプションの相続人が権利行使した場合の権利行使益は、業務に関するものではなく、また、雇用契約等に基づく従属的労務の対価でもないことから、事業所得、給与所得又は退職所得には該

当しません。

　ストックオプションに係る権利を相続により取得した相続人が、その取得後長期間にわたってその権利を行使することができ、権利行使回数にも制限がないような場合には、相続人が株価の動向等をみて権利行使するか否かを判断し、その所得の実現も複数回となり得ることから、一時の所得とは認められませんが、照会の場合には、被付与者の権利が相続により相続人に承継されるものであり、相続人は、発行会社が承継を認めた日から6か月以内に権利の全部を一括して権利行使することとされていますので、一時の所得と認められます。

　また、相続人において生ずる権利行使益は発行法人から相続人に与えられた給付と解されるところ、相続人は発行会社に対して何ら役務の提供を行っていないことから、その権利行使益は、労務その他の役務の対価としての性質は有しておらず、また、このような権利行使益は、債権的権利の行使による給付ですが、その権利行使と給付は、権利の移転又は消滅の対価として与えられるという関係にはなく、権利の行使をもって資産の譲渡の対価たる性質を有しているということはできません。

　以上のことから、本件新株予約権の相続人による権利行使益は、対価性のない一時の所得と認められ、一時所得に該当します。

【関係法令通達】

　所得税法第34条

なお、相続人において、ストックオプションの行使により生じる所得金額は、役職員の場合と同様に、権利行使によって取得した株式の

行使の日における価額から払込金額を控除した金額とされる（所法
36②、所令84③二）。ここにいう株式の価額は、非上場株式について
は所得税基本通達23 ～ 35共－9の例により算定した金額とされてい
る。

　また、権利行使により取得した株式の取得価額は、払込みをした日
における株式の価額とされる（所令109①三）。

(ii)　権利行使により取得した株式の譲渡時の課税関係

　譲渡価額と株式の取得価額との差額が株式等に係る所得金額として
分離課税の対象となる（措法37の10。発行会社が上場した場合には
措法37の11）。

②　税制適格ストックオプション

(i)　権利行使時の課税関係

　税制適格ストックオプションの権利行使期間内に役職員から相続に
より取得した相続人が、当該ストックオプションを行使した場合にお
ける経済的利益については所得税等を課さないこととされている（措
法29の2①、措令19の3⑤）。他方、権利行使期間が到来する前に役
職員に相続が発生した場合で、相続人が権利行使できるとされている
ことにより行使した場合には、その相続人が行使したことによる権利
行使益は非課税とはならず、税制非適格ストックオプションと同様の
課税関係が生じることになる。

　なお、税制適格ストックオプションの要件である年間の権利行使価
額1,200万円の上限については、役職員である被相続人と相続人のそ
れぞれで判定を行うことになるため、相続人が行使する場合は、役職
員が行使した分はカウントする必要はないと考えられる[132]。

132　前掲注19）548頁。

　また、権利行使により取得した株式の取得価額は、前述のとおり権利行使時に所得税等が非課税となっている場合（権利行使期間内に相続が発生した場合）は、その取得に際して払込みをした金額に取得のために要した費用を加えた額となり（所令109①一）、所得税等が課される場合（権利行使期間到来前に相続が発生した場合）は、税制非適格ストックオプションと同様に、払込みをした日における株式の価額とされる（所令109①三）。

(ii)　権利行使により取得した株式の譲渡時の課税関係

　譲渡価額と株式の取得価額との差額が株式等に係る所得金額として分離課税の対象となる（措法37の10。発行会社が上場した場合には措法37の11）。

③　有償ストックオプション

(i)　権利行使時の課税関係

　相続人が被付与者である役職員から相続により取得した有償ストックオプションの権利行使をした場合の権利行使益について、個別に課税関係を定めた規定はないため、役職員が権利行使をした場合と同様に、権利行使により取得した株式の取得価額は、行使価額にストックオプションの取得価額を加算したものと考えられる（所令109①一）。したがって、権利行使時においては、相続人に課税関係は生じないものと思われる。

　なお、ここにいうストックオプションの取得価額は、役職員の取得価額が相続人に引き継がれることになるため（所法60①一）、役職員が有償ストックオプションの付与を受けた際に払い込んだ金額となる。

(ii) 権利行使により取得した株式の譲渡時の課税関係

　無償発行されたストックオプションと同様に、譲渡価額と株式の取得価額との差額が株式等に係る所得金額として分離課税の対象となる（措法37の10。発行会社が上場した場合には措法37の11）。

④　相続税の取得費加算

　ストックオプションを相続した相続人が相続税を納付した場合に、いわゆる取得費加算の特例の適用を受けることができるかという点が論点になり得る。取得費加算の特例とは、相続税の課税対象となった財産を譲渡した場合に、相続税と所得税の二重課税を排除する趣旨から、納付した相続税額の一部を取得費に加算する特例である（措法39）。この点、相続人は、相続したストックオプションを行使して取得した株式を譲渡したことにより所得税が課されることになるが、実際に譲渡しているのは株式であり、相続税の課税対象になったストックオプションそのものではないため、取得費加算の特例の適用を受けることができないと考えられる。

　なお、取得費加算の特例は、納付した相続税の一部を譲渡所得における取得費に加算する制度であるため、相続人の一時所得または雑所得として課税されるストックオプションの権利行使益に対する課税において適用することはできない。

⑤　相続人が非居住者である場合

(i) 国外転出時課税との関係

　コラム「ストックオプションと国外転出時課税」で解説したように、ストックオプションは新株予約権証券に該当するため（金商法2①九）、原則として、所得税法上の有価証券に含まれるものの（所法2

①十七、所令4①一）、役職員が付与を受けたストックオプションの権利行使益は所得税法161条1項12号に定める国内源泉所得に該当し、日本で課税の対象となることから、国外転出時課税が適用される有価証券等から除外されている（所法60の2①、所令170①）。

　これに対して、相続人がストックオプションを行使した場合の権利行使益は、相続人が発行会社に対して役務の提供を行っているわけではないため、給料等のうち国内において行う勤務等に基因するものには該当しないと考えられる。したがって、非居住者である相続人が相続により取得するストックオプションについては、その権利行使益が所得税法161条1項12号の国内源泉所得に該当する余地はなく、国外転出時課税の対象とされることになる。

　相続に係る国外転出時課税は、被相続人が時価でストックオプションを譲渡したものとして、相続開始があったことを知った日の翌日から4ヵ月以内に相続人らが準確定申告および納税をする制度である。この場合における有価証券等の時価は、原則として、所得税基本通達23〜35共−9および59−6の取扱いに準じて算定した価額によるとされている（所基通60の2−7）。しかしながら、これらの通達にはストックオプションに係る評価方法が明示的に規定されていないため、相続税評価の場合と同様に、実務上は時価の算定が困難であると思われる。

　なお、準確定申告の期限までに遺産分割協議が整わない場合、相続財産は各相続人の共有状態にあると考えられるため、非居住者である相続人がストックオプションを法定相続分で相続したものとして国外転出時課税が適用される。その後、遺産分割協議の成立により、非居住者が取得したストックオプションの金額が増加し、または減少した場合、遺産分割等の事由が生じた日から4ヵ月以内に修正申告または

更正の請求を行うことになる。

(ii)　ストックオプションの権利行使時の課税関係

　非居住者である相続人が相続により取得した税制非適格ストックオプションの権利行使をした場合の権利行使益は、当該相続人が日本に恒久的施設を有しないことを前提にすると、国内源泉所得に該当する部分にのみ所得税が課される。

　上述のとおり、相続人は発行会社に対して何らの役務の提供も行っていないため、税制非適格ストックオプションの権利行使益は、所得税法161条1項12号に定める給与等に該当することはないと考えられる。給与等に該当しないストックオプションの権利行使益が所得税法161条1項各号のどの国内源泉所得に該当するかについて、確立した見解はないが、「国内にある資産に関し供与を受ける経済的な利益に係る所得」（所法161①十七、所令289六）として、その他の国内源泉所得に該当し、日本で課税関係が生じる可能性がある[133]。この場合、非居住者は総合課税に服することになり（164①二）、発行会社においては源泉徴収義務を負わないことになる（所法212①）。ただし、租税条約の適用により国内法とは異なる課税関係になり得る点については留意を要する（詳細は第2部第2章1(2)を参照）。

　他方、非居住者である相続人が税制適格ストックオプションの権利行使をした場合は、非居住者であっても租税特別措置法29条の2の規定の適用があるため、日本において課税関係は生じない。

(iii)　株式譲渡時の課税関係

　非居住者である相続人が税制非適格ストックオプションの権利行使

133　松尾ほか・前掲注91）253頁。

により取得した株式を譲渡した場合、当該株式がいわゆる不動産化体株式や事業譲渡類似株式に該当することは通常想定されないため、原則として、株式の譲渡益は国内源泉所得に該当せず、日本で課税されることはないと思われる。

　一方、税制適格ストックオプションを権利行使して取得した株式を譲渡した場合、その譲渡益は国内にある資産の譲渡により生じる所得とされるため（措令19の3㉕、所令281①四ロ）、日本において申告分離課税の対象とされる（措法37の12①）。もっとも、非居住者の居住国との間の租税条約によっては、上記の課税関係が修正される可能性があるため留意する必要がある（詳細は第2部第2章1(2)を参照）。

(2)　発行会社の課税関係

　ストックオプションを付与された役職員に相続が発生し、その相続人が当該ストックオプションを行使した場合は、原則として、当該ストックオプションの行使に係る利益は一時所得に該当すると考えられるため、給与等課税事由が生じず、発行会社において損金算入することはできないと取り扱われている[134]。

　また、給与等課税事由が生じないことから、権利行使時に相続人に所得が生じる場合であっても、発行会社において源泉徴収義務が生じることはない。

---

[134]　質疑応答事例「役員に付与されたストックオプションを相続人が権利行使した場合の所得区分（6か月以内に一括して行使することが条件とされている場合）」
（https://www.nta.go.jp/law/shitsugi/shotoku/02/32.htm）。

執筆者プロフィール

小山　浩（おやま　ひろし）

弁護士法人森・濱田松本法律事務所　高松オフィス代表パートナー

【主な経歴等】

2001年 早稲田大学法学部卒業、2003年 早稲田大学法学研究科修了、2006年 中央大学法科大学院修了、2007年 弁護士登録、2014年 米国ミシガン大学ロースクール修了（LL.M., International Tax）。

東京国税局調査第一部調査審理課にて国際調査審理官として勤務（2016年〜2018年）。

【主な著作】

『非上場株式取引の法務・税務』〔スタートアップの資金調達編〕（税務経理協会 2024）、『非上場株式取引の法務・税務』〔相続・事業承継編〕（税務経理協会 2023）、『税務・法務を統合したM&A戦略』（中央経済社 2022年）、『事業承継型M&Aの法務・税務戦略』（中央経済社 2021年）、『ウェルス・マネジメントの法務・税務』（税務経理協会 2020年）、『「取引」の実態からみる税務調査のポイントQ&A』（第一法規 2018年）ほか。

間所　光洋（まどころ　こうよう）

森・濱田松本法律事務所外国法共同事業　パートナー税理士

【主な経歴等】

2001年 成蹊大学法学部卒業、2011年 税理士登録。

【主な著作】

『一族内紛争を予防・解決するファミリーガバナンスの法務・税務』（共

著、中央経済社 2023 年）『設例で学ぶ オーナー系企業の事業承継・M&Aにおける法務と税務（第2版)』（共著、商事法務 2022 年)、『ウェルス・マネジメントの法務・税務』（共著、税務経理協会 2020 年)、『変わる事業承継』（共著、日本経済新聞出版社 2019 年）ほか。

飯島　隆博（いいじま　たかひろ）

森・濱田松本法律事務所外国法共同事業　シニアアソシエイト

【主な経歴等】

2012 年 東京大学法学部卒業、2013 年 東京大学法科大学院中退。2020 年 ハーバード大学ロースクール修了、ハーバード大学ロースクール International Postgraduate Researcher。2020 〜 2021 年 国立研究開発法人宇宙航空研究開発機構（JAXA）非常勤招聘職員。2023 〜 2024 年 金融庁企画市場局総務課信用制度参事官室課長補佐。東京大学法科大学院未修者指導講師（2015 〜 2019 年、2021 〜 2024 年)、慶應義塾大学法学研究科宇宙法研究センター・宇宙航空研究開発機構（JAXA)「先端的な宇宙活動に関する法的課題研究会」メンバー（2021 年〜現在)、同「宇宙活動を規律する国際法規範の在り方に関する研究会」オブザーバー（2021 年〜現在)。信託法学会、国際租税協会、公益社団法人日本証券アナリスト協会検定会員。

【主な著作】

『スタートアップファイナンス・M&Aハンドブック』（中央経済社 2024 年)、In-Depth: Venture Capital Law - Edition 4 – Japan（共著、Law Business Research, 2024)、『非上場株式取引の法務・税務（相続・事業承継編)』（共著、税務経理協会 2023 年)、『スタートアップ買収の実務』（共著、日本経済新聞出版社 2023 年)、『M&A法大系 [第2版]』（共著、有斐閣 2022 年)、『設例で学ぶ オーナー系企業の事業承継・

M&Aにおける法務と税務［第2版］』（共著、商事法務 2022年）、『ウェルス・マネジメントの法務・税務』（共著、税務経理協会 2020年）、『Q&Aタックスヘイブン対策税制の実務と対応』（共著、税務経理協会 2019年）、『変わる事業承継』（共著、日本経済新聞出版社 2019年）、『税務訴訟』（共著、中央経済社 2017年）ほか。

サービス・インフォメーション

――――――――――――――――――――― 通話無料 ―――

① 商品に関するご照会・お申込みのご依頼
　　　　　TEL 0120(203)694／FAX 0120(302)640
② ご住所・ご名義等各種変更のご連絡
　　　　　TEL 0120(203)696／FAX 0120(202)974
③ 請求・お支払いに関するご照会・ご要望
　　　　　TEL 0120(203)695／FAX 0120(202)973

● フリーダイヤル（TEL）の受付時間は、土・日・祝日を除く
　9:00～17:30です。
● FAXは24時間受け付けておりますので、あわせてご利用ください。

**これで迷わず対応できる！最新事例でつかみやすい！
税理士がおさえておくべき非上場会社のストックオプ
ションの実務**

2025年3月15日　　初版発行

著　者　　小　山　　　浩
　　　　　間　所　光　洋
　　　　　飯　島　隆　博

発行者　　田　中　英　弥

発行所　　第一法規株式会社
　　　　　〒107-8560　東京都港区南青山2-11-17
　　　　　ホームページ　https://www.daiichihoki.co.jp/

税理士ＳＯ　　ISBN 978-4-474-04973-4　　C2034（4）